지도자의 통치력과
국가의 흥망

이태교의 **정치·경제평론**

지도자의 통치력과 국가의 흥망

이태교 지음

Political and Management Leadership

솔과학

━━━━

지도자의 통치력과 국가의 흥망, 다시 책을 펴내면서

    우리나라는 현재 세계 제10위의 경제대국으로 반도체, IT전자, TV 등 가전제품, 자동차, 조선, 철강, 석유화학 등 산업분야에서 세계를 리드하고 있다. 한편 한국은 세계 6위의 군사대국으로 등극, 세계 각국으로부터 한국 무기의 빠른 납품과 가성비가 좋다는 평가를 받아 K2 전차, K9 자주포, 신형 전투함정과 FA50, KF21 최신예 전투기 등 K방산을 구매하겠다는 러브콜이 쏟아지고 있다. 뿐만 아니라 정치적으로는 가장 앞선 모범적인 선진국 중 한 나라로 칭송을 받고 있다. 동시에 K팝, K푸드, K뷰티 등을 중심으로 한 이른바 '한류 붐'이 아시아의 작은 한반도에서 출발해서 세계를 휩쓸고 있는 중이다.

    그래서인지 한국을 한 번이라도 찾았던 외국인들 중에는 이렇게 말한다. "한국이 세계에서 가장 살기 좋은 나라인데 정작 한국 사람들만이 이 사실을 모르고 있다"고. 이 놀라운 사실을 뒷받침하는 일들이 최근에 우리 땅에서 일어나고 있다. 한국에서 3개월 이상 거주해본 경험이 있는 외국인들 중에는 상당수가 귀국 일자가 되었는데도 본국에 돌아가지 않고 온 김에 아예 한국에 눌러앉으려고 시도하는 사람들이 늘어나고 있다고 한다. 특히 여성들 중 한국에 일정 기간 이상 체류했던 경험이 있는 사람들은 한국의 첨단정보화와 한국식 '빨리빨리'에 익숙해진 나머지 자기 나라에 돌아가면 느리고 불편한 데 실망, 도저히 자기 나라에서 살 수 없어 다시 한국행을 결행한다고 한다. 불과 반세기 전 세계에서 가장 비참하고 가난했던 대표적인 후진국인 우리나라가 이 같은 기적을 창조할 수 있었던 원동력은 과연 어디에서 나왔을까?.

그것은 바로 100년 앞을 내다볼 줄 안 탁월한 정치지도자 박정희 대통령과 대통령을 보좌한 유능한 고급관료 들이 그 첫 번째 주인공이다. 한편으로 이러한 박 대통령에 연이은 경제개발 5개년 계획과 민족정신 개조 운동인 새마을 운동이 성공할 수 있도록 뒷받침해 준 우리 재계의 거물들, 이병철, 정주영, 구인회, 최종건, 박태준 같은 걸출한 경영자들이 있었기에 가능했던 것이라 생각된다.

그러나 누가 뭐래도 우리나라의 이 같은 기적이 창조될 수 있었던 원천은 바로 위대한 우리 국민들이 주인공이라 해야 할 것이다. 그동안 우리 국민들의 놀라운 애국, 애족 정신과 '잘살아보겠다'는 한 맺힌 염원이 폭발, 그 에너지가 분출되었기에 가능했던 일이라고 생각된다. 우리나라가 처음으로 경제개발을 시작할 무렵인 1960년대 초에 서독에 파견되었던 간호사들과 광부들의 희생과 봉사를 우리는 기억해야 한다. 간호사들은 서독 사람들이 근무를 기피하는 병원의 시체안치실 같은 열악한 일터에 자원해서 도맡아 일을 했다고 한다. 또한 독일 광부들과는 달리 대부분이 고학력을 지닌 파독 한국 광부들은 1000미터 이상 파내려간 광산 지하 막장에서 무더위와 숨 막히는 돌가루를 마시면서 광석을 캐는 일을 했다.

1960년대 월남전이 한창일 때 우리나라는 미국의 요청으로 월남 전선에 미국, 호주, 뉴질랜드, 태국, 필리핀, 월남군과 함께 국군 맹호사단, 청룡부대를 파견, 베트콩(월맹)과 처절한 전투를 벌였다. 당시 월남 참전 7개국 가운데 베트콩이 가장 두려워한 부대는 한국군이었다고 한다. 때문에 월남전을 통해 한국의 국제적 위상이 크게 높아지기도 했다. 그러나 이 전쟁에서 많은 국군 장병들이 전사하고 부상을 입었다. 우리 국군장병들이 목숨을 담보로 전쟁에 참여한 피의 대가로 받은 월급인 달러가 우리 국군 현대화와 경제개발 자금으로 활용될 수 있었다. 호치민이 이끄는 월맹이 1975년 4월 월남통일에 성공하자 우리 국군은 귀국하게 되었고 월남전에서 미군으로부터 지급받은 최신 군 장비들은 한국군 1개 사단을 최신 무기와 장비로 무장할 수 있는 계기가 되기도 했다.

서독에 파견된 간호사, 광부들이 현장에서 흘린 땀과 피의 대가로 받은 월급을 담보로 우리 정부는 서독 정부로부터 차관자금을 얻어 경제개발자금으로 전액 투입할 수 있었다. 또한 1970년대에는 우리 건설노동자들이 사우디 등 중동 열사의 사막 건설 현장에서 살인적인 무더위와 싸우면서 일해서 벌어온 외화가 경제발전에 이용될 수 있었다. 무엇보다 세상을 놀라게 한 우리 민족의 저력은 외환위기 때 나타났다. 불행히도 우리나라는 1997년 말 외환 창고의 달러가 바닥이 나 외환위기를 맞이하게 되었다. 당시 우리 국민들이 보여준 놀라운 애국심은 세계를 놀라게 했다. 누가 시키지 않았는데도 모든 국민들이 위기 극복을 위해 솔선해서 앞장섰다. 가정에서 소중하게 보관하고 있던 자녀들의 돌반지, 자신의 약혼반지, 결혼반지 등 금붙이들을 경쟁적으로 헌납하는 이른바 '금 모으기 운동'이 벌어졌다. 이렇게 모인 금을 외국에 팔아 달러로 환전, 놀라울 정도로 짧은 시간에 IMF에서 빌린 외채를 갚는 데 성공한 나라이다. 그 처참한 위기를 온 국민이 똘똘 뭉쳐 극복해 낸 놀라운 저력을 지닌 민족이 우리 대한민국 한민족이다.

그래서 필자는 불과 반 세기 만에 세계에서 가장 못사는 나라에서 세계에서 존경받는 선진국으로 올라선 우리의 위상에 감격해서 10년 전에 출판했던 정치평론(지도자의 통치력과 국가의 흥망)과 경제평론(경제에는 공짜가 없다) 두 저서에서 강조했던 지도자의 Leadership의 중요성에 절감한 나머지 지도자의 지도력이 얼마나 중요한가를 다시 한번 독자들에게 널리 알려야 하겠다는 사명감에서 기존에 펴낸 두 책을 합본해서 "지도자의 통치력과 국가의 흥망"이란 제목으로 다시 새 책을 출판하게 되었다. 이 기회에 품위 있는 책을 펴내 준 솔과학 출판사의 김재광 대표님과 멋진 편집을 해 준 장덕종 실장님 그리고 책 전체의 문장을 읽고 오탈자를 교정해준 대구의 김원진 동생에게 감사의 말을 전한다.

2024년 6월 7일 강남구 개포동 동천 서제에서
이태교

Part 2 경제에는 공짜가 없다 · **219**

Part 1
지도자의 통치력과
국가의 흥망

박정희 대통령은 위대한 선각자였다
그리고 대한민국 선진화를 위한 정책아이디어

01
박정희 최고회의 의장의 예편 전야(前夜)

박정희 국가재건최고회의 의장이 민정참여를 위해 전방 전초기지 지포리에서 전역식을 하기 하루 전날인 1963년 8월 29일 오후 광화문 최고회의 기자실.

당시 최고회의 공보실장이었던 이후락 실장으로부터 나를 찾는 전화가 걸려왔다. 오늘 저녁에 반도호텔에서 나와 단 둘이서 만나자는 내용이었다. 정국이 소용돌이 치고 있던 때인만큼 나는 즉시 정치부 데스크(편용호 정치부장, 정성관 차장)에게 이 사실을 보고하고 반도호텔(지금의 롯데호텔)로 달려갔다.

그 자리에서 이후락 실장은 느닷없이 박정희 의장이 내일 읽을 전역사(轉役辭)를 내 앞에 내놓는 것이 아닌가. 이 연설문을 한번 읽고 오늘 저녁, 박정희 의장에게 스피치 조언을 해주라는 주문이었다. 나같은 풋내기 기자에게는 연설문 내용을 보는 것만으로도 놀라운 일인데 국가 원수와의 독대라니 흥분할 수밖에 없었다. 바로 그 전역사에는 "다시는 나와 같은 불행한 군인이 나타나지 않기를 바란다"는 역사적인 문장이 들어있었다.

연설문 전체를 한번 읽어본 후 이실장과 나는 곧바로 장충동에 있는 최고회의 의장 공관으로 달려갔다. 공관에 들어서자마자 내가 놀란 것은 공관의 소박함과 검소함이었다. 간단한 가구 평범한 응접세트 등 국가원수의 공관으로는 너무나 단출했다.

유난히 눈에 띈 것은 응접실 벽에 걸어놓은 대장 계급장이 달린 군복이었다.

그리고는 응접세트 책상에 놓인 안기부장의 보고서 뭉치, 얼마의 시간이 지나자 박의장이 가벼운 미소를 지으며 나타났다. 이실장은 나를 박의장에게 소개하고 오늘 나와 동행한 이유를 설명했다.

그날 나에게 가장 인상 깊었던 것은 박의장의 너무나 소탈하고 꾸밈없는 인간적인 모습, 바로 그것이었다. 아무리 잘 봐주어도 10년 정도는 세월이 지난 것 같은 낡은 화섬바지, 시골농부들이 농사철에나 입음직한 남방셔츠에 왕골 슬리퍼를 신은 박의장의 복장은 국가원수의 권위주의와는 거리가 먼 소박 그 자체였다. 그러나 박의장의 광채가 번뜩이는 눈매, 미소 뒤에 숨겨진 강인함, 푸른 빛깔이 감도는 면도자국은 나를 압도하고 있었다.

연설문을 한번 읽어보시라는 이실장의 건의에 박의장은 "내일 읽어보지" 하고는 "이 기자도 왔으니 술이나 한잔하자"고 했다.

양주가 들어오자 박의장은 감회어린 눈으로 벽 쪽을 가리키며 "이 기자! 저 군복이 내가 내일 마지막으로 입을 옷이야"하면서 술을 들기 시작했다. 술이 몇 순배 돌면서 박의장은 영욕으로 점철된 지난날의 군인생활을 회고하고는 시국 전반에 대한 청사진을 펼치기 시작했다.

박의장은 자신이 곧 입당할 민주공화당 창당과정을 설명하면서 군대처럼 질서있고 조직적인 현대화된 능률적인 정당을 만들겠다는 말을 필두로 당시 살인혐의로 구속되어있던 송요찬 전 내각수반의 각종 비리와 그의 성품 등에 대해 코멘트를 해나갔다.

박의장은 이 밖에 경제개발에 관한 청사진을 비롯해서 국민운동으로 펼쳐나갈 새마을 운동에 대한 기본 구상 등 그의 통치철학이 끝없이 이어졌다.

나는 술에 취해 거의 인사불성이면서도 직업의식이 발동, 박의장의 말 한마디도 놓치지 않으려고 열심히 마음속으로 메모해 나갔다.

이렇게 얘기가 진행되다 보니 시간은 어느덧 통금시간 자정을 지나 새벽으로 치닫고 있었다. 이실장의 건의로 겨우 술자리를 끝내고 나는 경호실 차로 신문사로 돌아왔다. 신문사에는 새벽인데도 장기영 사장, 편용호 정치부장, 정성관 차장, 송효빈 기자 등이 나를 기다리고 있었다. 나는 그 자리에서 상사들에게 면담 내용을 보고하고 이실장과 오프 더 레코드 조건으로 굳게 약속했지만 큰 문제가 되지 않을 내용만을 골라 작은 박스 기사로 남기고 하루를 마감했다.

당시 국가재건최고회의 기자실에는 당대에 내노라 하는 각 언론사의 거물급 정치부기자들 50여명 이상이 출입하고 있었다. 한국일보사에서도 서열로 막내인 내가 그 날 밤 상상을 초월한 특종을 했으니 다음날 아침 최고회의 기자실에는 한바탕 소동이 벌어졌다. 이른바 풋내기인 내가 큰일을 저질렀으니 말이다. 나의 기자생활에서 영원히 잊지 못할 대박을 터뜨린 추억의 한 토막이다.

30년의 세월이 흐른 지금 박정희대통령이 통치하는 동안 이룩한 공과에 대해서는 후세 사가들이 냉정하게 평가할 것으로 생각한다. 과오는 그가 이룩한 엄청난 공적과 같이 공평하게 다루어져야 할 것이다. 개혁개방정책으로 중진국 수준에서 해매고 있던 중국을 당당히 미국과 더불어 G2의 반열로 올려놓은 덩샤오핑(登小平)은 문화혁명과 집단농장화 과정에서 수많은 사람을 죽음으로 내몰았던 마오쩌둥(毛澤東)을 평가하면서 공이 7이라면 과는 3이라는 "功7過3"이라고 했다. 현시점에서 덩샤오핑 식으로 박대통령을 평가한다면 나는 "공8 과2"로, 그가 우리역사에 남긴 작은 그림자보다 밝은 면에 훨씬 더 후한 점수를 주고 싶다.

박정희대통령은 유사 이래 처음으로 5천만 국민을 그 지긋 지긋한 굶주림과 가난에서 해방시키고 공업입국의 기틀을 마련, 재임중에 세계가 놀라고 칭송하는 한강의 기적을 창조해냈다. 헐벗었던 우리강토를 금수강산으로 변모시켰다. 세계에서 유례를 찾아볼 수 없는 기적적인 성공사례에 해당한다. 대강국에 둘러싸인 우리나라의 지정학적 약점을 커버하고 자주국방을 실현하기위해 70년대 초부터 극비리에 추진했던 핵개발 시도 등. 무엇보다 일제식민 통치시절 일제가 우리국민들에게 심어놓은 절망적인 엽전근성에 사로잡혀있던 국민들에게 "우리도 하면 된다"는 자신감을 심어 신바람을 불러 일으켰던 국가원수…… 그는 진정 이 나라의 백년대계를 내다보고 그가 설정했던 비전과 선견성, 강력한 지도력, 청렴성 등 여러 가지 면에서 우리나라 역사상 가장 탁월한 지도자 중에 한 분이라는 확신이 든다.

(1997. 2. 1. 대한언론, 대한언론인회)

02
박정희 대통령은 100년 앞을 내다보는 선각자였다

　대한민국은 지난해 무역 분야에서 3년 연속 교역규모 1조 달러를 달성했다. 수출은 5,597억 달러로 사상최대의 수출실적을 올렸고 무역흑자도 무려 442억 달러로 건국 이래 신기록을 수립하는 쾌거를 이루어냈다. 해방 직후인 1948년 우리나라의 수출액은 겨우 2,200만 달러였다. 그 해 4,000만 달러를 수출한 아프리카 카메룬의 절반수준이었다. 그 후 강력한 수출드라이브정책으로 64년 8월 26일 정부는 국무회의에서 수출실적 1억 달러가 되는 날을 '수출의 날'로 정하기로 의결, 그 해 11월 30일 드디어 수출 1억 달러를 돌파했다. 60년대 수출효자품목은 마른 오징어를 스타트로 돼지털, 메뚜기, 심지어 오줌 여기에 여학생들의 머리카락까지 잘라서 수출했다. 그로부터 수출은 1967년 10억 달러, 1974년 100억 달러, 1988년 1,000억 달러 그리고 2013년에는 드디어 5,000억 달러를 돌파, 선진국 진입의 문턱에 들어섰다. 한국은 세계 10대 교역국으로 도약했다. 우리나라는 지난 20세기에 불과 60년 만에 세계에서 유일하게 민주화와 산업화를 동시에 이룩해내는 위업을 이루어냈다. 원조만 받던 거지나라에서 원조를 해주는 나라로 바뀌었다. 세계사에서 전대미문의 기적이 한국이라는 작은 나라에서 만들어질 수 있었던 원동력은 어디에서 나왔을까. 사람마다 진단과 평가가 다르겠지만 나는 한 지도자의 100년 앞을 내다보는 선견지명에서 발단이 되었다고 생각한다.

역사에서 가정이란 있을 수 없다고 하지만, 만약 박정희대통령이 반세기전에 다음에 설명하는 몇 가지를 치밀하게 구상, 이를 강력하게 실천에 옮기지 않았다면 과연 우리나라의 국제적 위상이 오늘 날처럼 높아질 수 있었을까. 음수사원(飮水思源)이라는 고사성어가 있다. 즉, 물을 마실 때는 그 원천을 생각하면서 감사하라는 뜻이다. 박대통령에 대한 평가는 사람마다 다를 수 있다. 최근 동아시아전문가로 미국 하버드대 명예교수인 에브라 보걸이 펴낸 저서 '덩샤오핑 평전'에서 박정희대통령을 "쿠데타를 통해 정권을 잡았고 자유를 탄압한 것은 분명하지만 그 시기를 거치면서 한국은 한국전쟁 이전과는 비교할 수 없을 정도로 발전했다. 그 공적을 간과할 수 없을 것"이라고 평가했다. 한마디로 그는 100년 앞을 미리 내다 본 선각자였다.

아프리카의 케냐, 카메룬보다 못사는 국가에서 박대통령은 어떻게 30년 후 공업화를 미리 예상하고 이를 뒤 받침 해줄 도로와 대형 댐을 건설하고, 제철공장을 세우는 등 사회간접자본과 '산업의 쌀'인 철강을 사전에 준비하는 치밀함과 선견성을 가지고 있었는지 놀라지 않을 수 없다.

그 몇 가지 중에서 가장 중요한 것은 박대통령이 수 백년 동안 패배주의에 사로잡혀있던 우리 국민들에게 "하면 된다"는 긍정적인 마인드를 심어주고 굶주림에서 해방시킨 것이다. 우리는 일제강점기에 일본인으로부터 "조선 사람들은 어떻게 해 볼 수 없는 대책 없는 민족이다"라는 말을 들으면서 살아왔다. 절망에 빠진 우리민족은 스스로를 '엽전'이라 자조하면서 '희망'이란 단어를 잊은 채 외세의 힘으로 해방을 맞이했다. 절대다수의 국민이 농민이었던 시절, 농촌은 농한기인 겨울이 되면 우리 국민들은 도박과 막걸리로 세월을 지세는 꿈을 잃은 민족이었다. 이때 박대통령이 자조, 근면, 협동이라는 슬로건을 내건 새마을 운동으로 농촌에 '잘 살아 보세'라는 희망을 불어넣었다. 이 운동은 국민정신 개조운동으로 승화되어 들불처럼 전국으로 번져나가 우리도 "할 수 있다"는 자신감을 우리 국민들에게 심어주었다. 그 자신감이 지금의 기적을 창조해 낸 원동력이 된 것이다.

그 다음 몇 가지는 산업화를 가능하게 한 기반이었던 경부고속도로, 포항종합제철, 소양강 다목적댐, 서울지하철 1호선 그리고 마지막으로 산림녹화정책이었다. 이 엄청난 프로젝트들은 당시 우리나라의 경제여건으로는 감히 상상도 할 수 없는 놀라운 구상이었다. 그러나 박대통령은 야당의 반대와 일부 지식인들의 강력한 저항에도 불구하고 줄기차게 밀어부쳐 마침내 완성해냈다.

박대통령은 광부와 간호사를 독일에 파견한 뒤인 1964년 독일을 방문, 광부와 간호사의 급료를 담보로 4,000만 달러를 빌려 독일의 아우토반과 유사한 도로를 만들고자 했는데 그것이 경부고속도로였다. 당시 420억 원이 들어간 이 고속도로를 건설하는 과정에서 박대통령은 헬기를 타고 수시로 현장을 시찰했으며 직접 도면을 보면서 진행상황을 확인하고 현장 근로자들과 막걸리를 나누며 격려를 했다. 1970년 7월 1일 경부고속도로의 개통으로 전국은 1일 생활권으로 변모했으며 수출 물자를 중심으로 물류에 혁명이 일어났다.

영일만 허허벌판에 우뚝솟은 포항제철은 대일청구권자금으로 지은 것이다. 당시 기술지원을 해주었던 일본은 한국이 제철소를 건설하는 것보다 값싼 일제 철강을 쓰는 것이 훨씬 경제적이라고 회유했지만 박대통령은 '산업의 쌀'인 철강을 확보하지 않고는 산업화가 불가능하다는 신념으로 박태준이라는 훌륭한 참모를 발탁해서 건설을 추진, 완성해낸 것이다. 만약 그때 포철을 만들지 않았다면 지금 어떻게 수출 주력 품목인 조선, 자동차, 전자기기, 심지어 비행기까지 수출할 수 있겠는가.

다음은 소양강 다목적댐이다. 1967년 4월 15일 박정희대통령은 미래에 산업화를 성공하기 위해서는 생공용수 확보가 급선무라는 선견성을 바탕으로 소양강댐건설에 착수했다. 총사업비 321억 원을 투입, 1973년 10월 15일에 준공한 소양강댐은 건설당시 동양 최대, 세계4위에 해당하는 대규모 댐이었다. 소양강댐은 수도권에 안정적인 용수공급과 홍수조절, 전력공급 등으로 '한강의 기적'을 창조할 수 있게 한 원동력이었다. 소양강댐은 연 12억 톤의 생활용수와 공업용수를 공급, 수도권 물 공급의 45%를 차지하고 있으며 20만 킬로와트의 무공해 수력전력을 생산, 공급하고 있다. 1960연대 초까지만 해도 서울의 한강주변은 해마다 비가 오면 홍수로 집이 물에 잠기고 가뭄 때는 한강은 실개천으로 변하고 강바닥에는 모래가 쌓여 해변백사장처럼 되기 일쑤였다. 현재 한강에 1년 내내 풍성한 물이 흐르고 있는 것은 27억 톤을 저장하고 있는 소양강댐에서 매일 하천유지수라는 이름으로 물을 흘려 보내고 있기 때문에 가능한 것이다.

현재 서울시민의 발인 서울지하철 1호선도 1974년 박정희대통령이 직접 챙긴 국책사업의 하나였다. 당시의 우리의 국내경제여건으로서는 지하철건설이란 꿈같은 구상이라 해도 과언이 아니었다. 그러나 박대통령은 국가와 국민을 위한 프로젝트라면 불가능에 가까운 일이라도 일을 벌이고 끝까지 밀어부쳐 오늘날 수도 서울의 지하교통시설을 완성하기 위한 초석을 깔았다.

마지막으로 산림녹화사업의 성공이다. 우리나라의 녹화사업은 세계적으로 산림녹화에 성공한 모델케이스로 평가를 받고 있다. 세계 어느 나라도 한국처럼 단시일 내에 녹화에 성공한 사례가 없기 때문이다. 박대통령은 녹화사업을 착수하면서 이 사업이 성공할 수 있도록 기초 작업을 병행했다. 백성들이 산에 나무를 잘라 오지 않아도 취사와 난방을 할 수 있도록 무연탄이라는 연료를 개발, 가정과 기업에 공급하는 한편 산림을 훼손하는 사람에게는 무서운 징벌을 내리는 산림법을 강화, 시행에 옮겼다. 당시로서는 농촌에서 가장 무서운 법이 산림법이었다.

1960년대 초 우리나라의 산은 거의 대부분 나무 한 그루 없는 민둥산이었다. 비만 오면 흙과 자갈, 모래가 빗물에 씻겨 내려가 강바닥에 쌓이고 이 때문에 하상이 높아져 작은 비에도 강물이 넘쳐 낮은 논밭으로 흘러들어가는 바람에 농사를 망치곤 했다. 가뭄 때는 산이나 들에 수분을 함유해 줄 숲이 없어 강은 곧장 말라버리고 논밭에는 물을 공급할 수 없었다. 때문에 우리는 해마다 가뭄 아니면 홍수로 농사를 제대로 지을 수 없어 농민들은 한숨의 세월을 보내고 있었다. 이 악순환의 고리를 끊어준 대역사가 바로 산림 녹화사업이었다.

03
필리핀의 추락이 우리에게 주는 경고

  필리핀은 풍부한 천연자원, 1억에 가까운 인구에 대부분의 국민들이 세계의 공용어가 된 영어를 마음대로 구사할 수 있는 대단한 잠재력을 지닌 국가이다. 1945년 우리가 일제로부터 해방되던 당시 필리핀은 아시아에서 일본을 제치고 GDP 1위였고 6·25전쟁 때는 7천여 명의 군인들을 한국에 파병했던 선진국이었다. 1956년 당시 한국의 유능한 학생들이 새로운 학문인 행정학을 배우기 위해 마닐라대학에 유학을 갈 정도였다. 1960년대에 우리나라 최초의 돔 형태로 된 건물인 장충체육관과 지금의 광화문에 있는 민족박물관 건물과 쌍둥이 빌딩인 미국 대사관 건물을 설계, 시공한 건설업체도 필리핀 회사였다. 마닐라에는 세계에서 유일한 미작(米作)연구소가 있다. 또한 아시아 최초의 국제기구인 아시아개발은행(ADB)본부가 자리 잡고 있을 정도로 필리핀은 경제적으로도 아시아의 센터였다. 지난 날 막사이사이 대통령은 세계적인 정치지도자로 존경을 받았고 필리핀은 아시아의 모범적인 민주주의 국가였다. 필리핀은 한국전 이후에도 한국을 경제적으로 지원하는 나라였다.

필자가 1966년 중앙일보 정치부 청와대 출입기자로 박정희대통령을 수행, 마닐라에서 열린 월남참전 7개국 정상회담을 취재하기 위해 필리핀을 방문했을 때 받았던 충격은 아직도 뇌리에 생생하게 남아있다. 당시 베트남전쟁을 성공적으로 수행하기 위해 모인 마닐라국제회의에는 한국의 박정희대통령, 미국 존슨대통령, 호주의 홀트 수상, 뉴질랜드 홀리에크수장, 태국 타놈 키치카초론수상, 베트남 티유대통령, 구엔카오키수상, 필리핀의 마르코스대통령 등이 참석했다.

당시 회의 주체국 마르코스대통령과 미스 마닐라출신인 그의 부인 이멜다여사는 당시 필리핀의 국가 위상에 걸맞게 7개국 정상회의를 주도하다 시피했다. 그때 필자가 본 마닐라시가지는 미국의 어느 도시가 아닌가 착각할 정도였으며 가는 곳 마다 여유와 윤기가 넘쳐흘렀다. 우리가 겨우 수출 1억 달러를 초과달성했다고 온 국민이 신이 나 있을 때 필리핀은 무려 6억 달러를 수출하고 있었다. 우리의 수출품 가득률이 겨우 15% 전후였는데 그들은 파파야, 망고, 바나나, 쌀 등 원자재를 수출해서 90% 이상의 가득률을 자랑하고 있었다.

당시 한국의 1인당 GNP는 130 달러였는데 반해 필리핀은 269 달러로 동남아에서 선두그룹에 속해 있었다.

그러나 마르코스대통령이 집권하면서 시작된 부정과 부패 그리고 족벌정치가 판을 치면서 나라가 기울기 시작했다. 1960년대 전성기로부터 불과 40년, 필자가 3년 전 필리핀을 방문했을 때 본 마닐라 시가지는 과거의 도시가 아니었다. 도시 곳곳에 가난의 그림자가 드리워져 있었고 국민들은 희망을 잃고 우왕좌왕하고 있었다. 마닐라시도 극명하게 두 지역으로 나뉘어 있었다. 가난한 시민이 대부분의 시가지를 점령하고 있는데 어느 한 지역에는 사설(私設)경비원까지 둔 초호화저택이 즐비하게 들어서 있었다. 부의 쏠림이 극단적으로 표출된 모범적인 사례의 도시로 변해 있었다. 전문대학을 나온 청년이 하루 1달러를 벌기위해 관광지 화산으로 가는 당나귀몰이를 하는가하면 세계 쌀 수출 1, 2위를 다투던 나라가 외국으로부터 쌀을 수입하는 나라로 전락해버린 심각한 상황에 놓여있었다. 지주가 소작료 80%를 가져가는 바람에 농민들이 논농사를 포기, 1년에 3모작을 하던 논들이 그대로 방치되어 잡초만 무성했다. 필리핀은 현재 1인당 국내총생산(GDP)이 4,410달러(세계은행 2012년 통계)로 세계180개국 중 122위의 가난한 나라로 내려앉고 말았다. 이 때문에 필리핀정부는 총인구의 10%에 해당하는 1,000만 명이 해외 217개국에 노동자로 나가 일해서 본국으로 송금해주는 인건비로 상당부분 나라살림을 꾸려가고 있다. 이들이 보내오는 송금액은 연간 210억 달러, 미국에 무려 350만 명, 사우디아라비아 155만, 캐나다 85만, 한국에도 8만 7천 여명이 공장 노동자, 영어강사 등으로 일하고 있다.

이 같은 필리핀의 추락을 보면서 저자는 한 나라의 운명은 지도자의 정치철학과 통치능력에 따라 흥할 수도 망할 수도 있다는 냉엄한 역사적 교훈을 절감하게 되었다.

국가지도자가 반드시 구비해야할 조건은 100년 앞을 내다볼 줄 아는 선견성, 국익에 직결되는 일이라면 야당과 일부 국민의 반대가 있더라도 흔들리지 않고 결단을 내릴 수 있는 과감성과 추진력, 그리고 지도자의 솔선수범이다. 솔선수범의 핵심은 공정한 인사와 부정과 부패를 척결하는데 모범을 보이고 앞장서는 것이다. 그러나 불행히도 마르코스대통령은 지도자로서 이러한 기본적인 요건을 구비하지 못한 채 부정부패, 족벌정치에 파퓰리즘까지 구사하면서 그 엄청난 잠재력을 지닌 필리핀을 세계 최하위의 가난뱅이 국가로 추락시키고 말았다. 그가 비록 무능했더라도 정직하기만 했더라면 필리핀의 화려했던 과거의 영광을 현상유지 할 수 있었을 것이다. 필리핀뿐 아니다. 남미의 엄청난 자원부국 베네수엘라와 아르헨티나도 지도자가 장기적인 국가의 미래보다 오늘 당장 약발이 나타나는 얄팍한 인기영합 정책을 구사하는 바람에 나라가 거덜나고 말았다. 1991년 그 거대한 소련연방이 하루아침에 붕괴된 것도 기득권지도층 소수의 탐욕을 통제하지 못해서 일어난 비극이었다.

04
아르헨티나의 파산과 대처리즘에서
배워야 할 교훈

최근 한반도주변의 국제정치 환경은 1900년대 초에 우리나라가 겪었던 상황과 비슷한 양상이다. 일본은 군사대국을 목표로 헌법 개정을 서두르고 있고, 중국은 과거의 중화(中華)의 영광을 재현하기 위해 부국강병의 기치를 들고 줄달음 치고 있다. 이러한 심각한 상황인데도 우리나라는 발전은 고사하고 노조의 줄 파업과 각종 이익집단들의 실력행사에다 정부의 일관성 없는 노동정책까지 겹쳐 온 나라가 몸살을 앓고 있다.

이 시점이야말로 우리는 한때 노동자천국이었던 아르헨티나의 파산과 불치병으로 평가받던 영국병을 치유한 대처리즘으로 극명하게 대립되는 두 역사적 교훈을 되새겨 보아야 할 것으로 생각된다. 동시에 최근 선진국들이 펼치고 있는 외국기업의 직접투자유치를 위한 필사적인 노력을 거울삼아 현재의 위기타개책을 모색해야 할 것이다.

첫째, 넓은 국토, 온화한 기후, 풍부한 천연자원에 농·공업이 동시에 발전했던 아르헨티나는 세계 제2차 대전이 끝나던 1945년에는 세계 제8위의 경제대국으로 당시 세계최초로 냉동선을 개발, 세계 육류 및 곡물수출의 절반 가까이를 차지하는 부국이었다.

오늘날의 G8에 해당하는 남미의 종주국이었다. 그러나 1946년 노조를 지지기반으로 한 후안 도밍고 페론이 대통령에 취임하면서 외국자본 추방, 노동자와 여성의 처우개선 등 친 노동자 정책에다 빈민계층을 위해 복지예산을 대폭 늘리는 등 퍼주기 식 포퓰리즘 정책을 펼쳐나갔다.

국민들에게 허리띠를 졸라매는 고통분담과 위기탈출노력을 요구하는 대신에 인기에 영합하는 포퓰리즘을 지향하면서 나라의 경제는 결국 거덜나고 말았다. 당시 페론은 노조의 요구라면 무엇이든지 들어 주었다. 기업주의 노동자해고는 불법화되었고, 노동자들에게 1년에 한 달 휴가는 기본이고, 매년 25%씩 임금을 올려주었다.

즉 노동자 임금인상 → 코스트 푸시 → 국제경쟁력 상실 → 산업시설의 해외탈출 → 국내 산업공동화 → 실업증가로 국민의 가처분소득 감소라는 악순환이 가속화되었다. 이처럼 페론정권의 친노 정책과 과도한 복지정책이 진행되는 상황에서 기업가가 할 수 있는 일이란 두 가지 대안밖에 없었다. 직장을 폐쇄하거나 아니면 노조와 타협하는 방법이다. 극단적인 방안을 택할 수 없는 기업인들은 결국 고용과 투자를 줄이고 노사분규가 없는 외국으로 공장이나 사업장을 이전하는 것이 대안일 것이다. 이 결과 아르헨티나는 실업 증가, 살인적 인플레이션이 지속되면서 국가 경제는 악화일로를 거듭, 1990년대에는 과거 세계 제8위의 경제대국에서 48위의 개발도상국으로 추락해 버렸다. 그리고 2002년에는 드디어 국가파산에 이르렀다. 현재는 빈민층이 전 국민의 54%를 차지하고 실업률은 무려 21.9%로 IMF의 경제신탁통치를 받고 있다.

한때 해가 지지 않는 대국으로 세계를 주름잡던 대영제국도 1980년대 초까지는 노조의 파업천국이었다. 1983~1984년 사이에 어떤 노조는 1년에 하루를 뺀 364일 동안 파업을 한 기록도 있으며 윌슨 수상 집권 때는 주 3일만 조업하는 공장도 부지기수였다는 것이다. 때문에 당시 탄광노조의 파업으로 석탄을 원료로 하는 화력발전이 전력을 공급하지 못해 사무실과 공장은 심지어 촛불을 켜 놓고 집무를 보아야 할 정도였다고 한다.

이처럼 노조의 불법파업으로 나라가 망국으로 치닫던 80년대 마가레트 대처수상은 가장 강력한 노조였던 광산노조가 불법파업을 벌리자 이에 법과 원칙에 따라 공권력을 투입, 끝내 항복을 받아내고 말았다. 훗날 그의 통치철학을 높이 평가, 대처리즘으로 명명되었는데 당시 그의 노동정책의 핵심은 의외로 간단한 내용이었다. 즉 노조가 파업 등 행동으로 옮기기 전에 실시하는 조합원찬반투표를 군중심리에 휩쓸려 투표에 영향을 받을 수 있는 노동현장이 아니고 노동자가 냉정한 정신 상태에서 한 번 더 생각해서 투표할 수 있는 우편투표제도를 실시한 것이었다. 이 제도를 도입한 결과 노조원들이 감정보다 이성에 의한 투표로 분규가 현저하게 감소했다고 한다.

다음으로는 노조의 불법파업에 대해서는 잔인할 정도로 강력하게 대처, 불법행위를 의법 처단 함으로써 고질적인 영국병을 치유하는데 성공할 수 있었던 것이다. 영국병을 완치한 영국은 그 후 외국기업의 직접투자를 적극적으로 유치하고 있으며 이 때문에 현 프랑스와 독일이 노조의 파업에다 경기침체로 고전하고 있으나 상대적으로 견실한 성장세를 유지하고 있다.

셋째 현재 선진국들은 물론 야심적인 개도국들도 경쟁적으로 "기업하기 좋은 나라"를 만들기 위해 총력전을 펴고 있다. 기업하기 좋은 나라를 측정하는 척도는 그 나라에 투자하는 외국인의 직접투자액으로 결정된다. 이를 위해 영국은 삼성전자가 영국에 가전공장을 기공했을 때 엘리자베스 여왕이 부군과 함께 식장에 직접 참석할 정도로 국가적 관심을 나타냈으며 최근 미국, 중국 등은 제도와 법의 개정은 물론 예외규정의 신설에다 공무원이 공장현장에 특파되어 인 허가서를 내 주는 등 이른바 토털 서비스를 제공하면서까지 투자유치에 전력투구하고 있다.

삼성전자연구개발센터를 유치한 중국의 쑤저우(蘇州), 공장부지의 무상지원을 법으로 금하고 있는 주법까지 개정해서 현대자동차를 파격적인 지원조건으로 끌어들인 미국의 앨러버마주 등이 좋은 사례에 해당한다. 불행히도 우리나라는 이 부분에서 경쟁국들과 비교하면 꼴찌 수준에서 헤매고 있다. 노사분규가 빈발하고 정부의 규제가 극심한 나라에 누가 투자를 하겠는가. 투자유치는 고사하고 국내기업들 마저 경쟁적으로 노사분규 없는 해외로 도망하고 있는 실정이다. 정말 어렵고 걱정되는 시기이다. 지금이야말로 우리 모두가 나라의 장래를 위해서 내 몫을 챙기기에 앞서 국익을 먼저 생각하면서 다시 한번 분발해야 할 엄숙한 시점이라 생각된다.

(2003. 7. 9. 매일경제)

05
한국일보 장기영사주는 역시 왕초
화를 웃음으로 감내하는 대인이었다.

1961년 3월 초순 어느 화요일로 기억된다. 당시 한국일보 편집 국기자들을 대상으로 한 "화요회(火曜會)"는 기자들에게 공포의 회 의였다. 모든 기자들은 혹시나 당일 자기에게 장기영(張基榮)사주 의 날벼락이 떨어지지 않을까 전전긍긍하는 날이었기 때문이다. 그날 화요회는 특이한 케이스였다. 일주일 전에 장사주의 특명으 로 신문사의 막내기자인 11기 기자와 12기 수습기자들(1960년 12 월 15일 입사)이 신문사의 경영 개선에 대한 의견을 개진하도록 되 어 있었다.

장사주가 상좌에 좌정하고 필자를 비롯한 20명의 올챙이 기자 들이 피고석에 배치되고 전 편집국 임직원이 배석한 가운데, 그 넓 은 편집국에서 화요조회가 시작되었다. 어쩌면 수습기자들의 실력

테스트장이 될지도 모르기 때문에 우리 동료 수습기자들은 나름대로 준비한 한국일보의 발전을 위한 웅대한 설계를 차례대로 일어나 정견 발표식으로 펼쳐나갔다.

그러나 나의 기대와는 달리 우리 동료들은 한결같이 장사주를 칭송하는 용비어천가를 늘어놓는 바람에 장사주에게는 기분 좋은 분위기로 회의가 진행되었다.

드디어 나의 차례가 되었다. 나는 앞서 발표한 동료들의 아부 성 발언에 실망한 나머지 나 자신도 모르게 가히 폭탄 선언적 내용으로 열변(?)을 토하기 시작했다. 제목도 스스로 내가 정해서 "내가 만약 한국일보의 사장이라면"이라는 제법 건방진 표제를 걸어놓고 당시 발언한 주요 골자는 이러했다.

첫째, 인사 제도를 개선하겠다.

장사주는 당시 인사에 관한 한 부서장의 의견을 듣는 상향식은 찾아볼 수 없었고 모든 직원의 인사를 직접 관리했었다. 그래서 나는 회사의 인사가 책임과 권한이 부서장에게 이양되는 상향식이 되어야한다고 주장하고 나섰다.

둘째, 도서실과 조사부를 강화하겠다.

그때는 온 국민이 거지나 다름이 없었다. 그러나 한국일보의 도서실과 조사부에는 우리나라 언론계에서는 최첨단이라 할 정도로 자료와 정보가 많았다. 언론계에서는 경쟁상대가 없을 정도로 도서와 자료를 구비해 놓았는데도 내가 시비를 걸었으니 장 사주의 마음이 몹시 아프셨으리라.

셋째, 사원들의 복지 후생을 증진시키겠다.

사실 그 시절에 복지후생을 언급하는 자체가 우스운 일이었다. 대학생들은 졸업과 동시에 실업자가 되는 것이 공식이었는데 취직시켜 준분에게 처우타령을 했으니……

그런데도 나는 내가 사장이 된다면 사원들의 대우를 개선하겠다고 공약을 했다.

모든 편집국 기자들에게 공포의 대상인 화요회에서 풋내기 수습기자가 이런 당돌한 폭탄선언을 했으니 그날의 회의 분위기는 짐작이 가고도 남으리라.

당대 언론계의 거물로 대인의 풍모를 지닌 장사주의 표정도 표정이려니와 나의 직속상사들의 입장은 어떠했겠는가? 지금 나의 기억으로는 회의장은 물을 끼얹은 듯 조용했으며 간부들은 안절부절, 젊은 기자들은 시원하게 한방 잘 날렸다는 표정으로 나의 눈을 응시하곤 했다. 조회가 끝나자 사내의 비판세력들은 나에게 달려와 격려를 보내고 악수를 청하기도 했다.

드디어 올 것이 왔다. 다음날 아침 나에게는 장사주가 매일아침 직접 주재하는 논설회의에 참석하라는 특명이 떨어졌다. 이제는 죽었구나 하는 어색한 표정으로 회의장에 들어서는 나에게 장사주는 "자네는 장차 사장감이야 이 기자는 논설회의에 참가할 자격이 있어"라고 말하고는 자기의 바로 옆자리에 앉으라고 명령했다.

회의가 끝날 무렵 장사주는 "이기자가 어제 우리 신문사에 책이 없다고 했지?" 하면서 곧바로 두툼한 영문원서 한권을 책장에서 꺼내 주면서 이 책을 읽고 내일 아침까지 내용을 요약보고 하라는 엄명을 하는 것이었다.

나는 그날 밤 영어에 능통한 친구 세 명을 동원, 밤새 책을 분담해서 읽고 요약해서 이튿날 아침 장사주에게 내용을 브리핑하는 것으로 겨우 특사를 받고 풀려났다.

정말 장사주는 왕초였다. 화를 내야할 때 웃음으로 감내 할 수 있는 대인이었다. 철부지 젊은이에게 얼마나 화가 났겠는가? 지금도 미안한 생각이 든다. 그 화요회 사건 이후 나는 장사주의 각별한 사랑을 받았다.

장사주는 메모지에 자신의 측근임을 증명하는 『秘(비)-5』자를 쓴 증명서(?)를 써서 비밀리에 나에게 건네주었고 신문사에서 조금 떨어진 식당으로 나를 불러 단둘이 불고기 파티를 열어주기도 했다. 경제부총리로 취임한 장사주는 1965년 4월 어느 날 나의 결혼식을 며칠 앞두고 그 바쁜 틈에도 나를 부총리실로 호출, 결혼축하의 말과 함께 축의금으로 두툼한 봉투를 전해주었다. 지금도 장사주의 그 세심한 배려, 통큰 포용력과 자상한 인간미를 잊을 수 없다.

(1991. 4. 11. 續續 百人百想, 우리가 아는 장기영사주)

06
이후락 비서실장은 통치자의 생각을
꿰뚫은 참모였다

우리나라 현대사에 큰 족적을 남겼던 이후락실장이 지난 10월 31일 타계했다. 내가 이후락 정보부장을 도하 매스컴의 표현처럼 정보부장이란 직함을 쓰지 않고 "실장"이라고 호칭한 것은 그가 국가재건 최고회의 공보실장일 때 한국일보 정치부 최고회의 출입기자로 인연을 맺었기 때문이다.

부장 타이틀 보다는 나에게는 실장이란 단어가 훨씬 익숙하고 친근감을 준다.

이실장은 울산출신으로 육군 장교로 임관한 뒤 1961년 육군소장으로 예편했다. 그는 당시 4·19 학생혁명으로 장면정권이 집권하자 장총리의 부름을 받고 국가안보문제를 총괄하는 한국형 중앙정보부 창설준비를 진두지휘하는 책임자로 일하고 있었다. 그런데

5·16 군사혁명이 일어난 것이다. 때문에 그는 한때 반혁명세력으로 몰려 구금되기도 했다.

그러나 당시 박정희 최고회의 의장과 군사혁명의 제2인자인 김종필 정보부장의 요청을 받아들여 최고회의 공보실장으로 혁명정부에 참여하게 되었다.

당시 공보실장으로서 이실장의 권력서열은 61번. 타고 다니는 지프의 차량번호가 바로 권력서열이었다.

혁명주체세력인 길재호, 홍종철, 김형욱, 이석제 등은 당시 육군 중령으로 오치성, 이광선 대령 등 최고위원들의 권력서열은 이 실장보다 훨씬 앞서 있었다. 육군 소장출신과 육군 영관급 혁명주체들 때문에 이실장은 최고회의 분과 위원회 회의가 있을 때마다 과거에 부하였던 이들 최고 위원실을 직접 찾아가 회의내용을 취재, 그 내용을 취사선택해서 매일 기자들에게 한차례씩 브리핑을 했다. 시간이 지나면서 이실장은 그의 의전 상 서열과는 관계없이 권력서열은 그야말로 혁명적으로 급상승하기 시작했다.

불과 몇 개월 사이에 이실장이 최고 위원실을 찾아다니는 것이 아니라 최고 위원들이 공보실장실 앞에서 기다리는 상황으로 바뀐 것이다.

물론 실장이 기자들과 회견이나 대화중이라는 핑계를 대긴 했지만…… 혁명초기와 비교하면 이실장의 입지는 놀라울 정도로 격상되었다.

이 변화는 결코 우연이나 기적이 아니었다. 이는 한마디로 이실장이 지닌 고도의 지략과 무서운 순발력 그리고 탁월한 정보감각 때문이었다. 그가 타계한 후 일부 매스컴의 평처럼 그는 삼국지의 조조와 제갈량을 합쳐놓은 '제갈 조조'라고 해도 과분한 표현이 아닌 분이었다.

혁명초기 권력서열 61번에서 그 후 혁명정부에서 박정희 대통령에 이어 제2인자로 도약했다는 사실이 이를 증명해주고 있다. 그러나 이 시점까지 이실장에 대한 평가는 밝은 면보다 어두운 면이 더 부각되어 있는 것이 사실이다.

그에 대한 역사적 평가는 역사인식의 차이 때문에 사람마다 다를 수 있다. 그러나 나는 후일의 역사를 위하여 내가 보고 느낀 인간 이후락의 면모를 소개하고자 한다. 나의 글이 群盲評象(군맹평상)격이 되어 고인의 명예를 실추시키는 일이 되지 않을까 걱정도 된다. 그러나 역사적 기록을 위해서라도 글을 남기는 것이 좋겠다는 생각에서 이글을 쓰기로 했다.

첫째 내가 본 이실장은 여론수렴에 탁견을 가진 분이었다.

당시 혁명정부는 산적한 국정현황 때문에 국민여론에 대단히 민감했다. 그중에도 군정연장 문제 등 민감한 현안을 놓고 고심이 대단했다. 때문에 당시 중앙정보부, 치안본부, 보안사 등 모든 정보기관이 경쟁적으로 국민의 여론을 수렴, 정리해서 박정희 최고회의 의장에게 정보보고를 올리고 있었다.

당시 이실장은 여론수렴을 위해 굵직한 국정현안이 발생할 때마다 최고회의 출입기자실을 활용했다. 당시 논제가 궤도이탈을 하지 않도록 이 실장이 사회를 보는 형식을 취하면서 "군정연장을 하면 어떨까?" "민정복귀를 하면 어떻게 되나?" 등 굵직한 현안문제를 토론논제로 상정했었다.

　토론과정에서 기자들의 기발한 아이디어가 나오기도 하고 때로는 찬반토론이 격해져서 기자들끼리 육박전 직전까지 가는 사태가 발생하기도 했다. 이렇게 1시간 정도 토론을 하고 나면 이실장은 "나도 장사를 해야지……" 하면서 기자들을 자기 방에서 내보내고 토론 내용에서 나온 현황, 문제점, 대책 등으로 정리해서 이를 즉각 박정희 의장에게 보고했다.

　정보기관 보고는 최종 책임자에게 보고되기까지 여러 사람의 손을 거치는 동안 수정 보완되기 때문에 국가원수에게 최종보고 될 때는 이미 신선한 맛을 잃은 보고서가 될 수밖에 없었다.

　그러나 이실장이 만든 보고서는 기자들의 현장 여론이기 때문에 따끈따끈한 현장감과 신선함이 있었다. 당시 최고회의 기자실에는 전국 유력일간지의 정치부 민완기자들 60여명이 몰려와 취재경쟁을 벌이고 있었다. 때문에 기자실은 사실상 국민여론의 대변실이기도 했다. 시간이 지나면서 박정희 의장은 어느 정보 보고서보다 이실장의 보고를 신뢰하게 되었고 이에 따라 그의 위치는 하루가 다르게 무게를 더해갔다.

　둘째, 그는 탁월한 스피치라이터요, 홍보전문가였다.

　국정전반의 핵심을 파악하고 있는데다 국민여론을 리드하는 지략을 가진 분이라 간결하면서도 국민들의 가슴에 파고드는 용어나 문장으로 국가의 중대한 문제가 있을 때마다 박의장의 치사를 활용, 국민들을 설득하는 능력을 발휘했다.

당시 공보실에는 육군소령 2명의 스피치라이터가 있었다. 그러나 이실장은 사안이 중대할 경우 최고회의 의장의 연설문을 실무자들에게 맡기지 않고 실무자들을 직접 불러 그 자리에서 본인이 직접 연설문을 구술해서 작성했다.

어느 날 내가 우연히 이실장의 구술현장에 함께 했는데 그의 솜씨에 정말 놀랄 수밖에 없었다. 아무런 메모도 없이 연설문 전체를 책 읽듯 처음부터 끝까지 구술해버리는 것이 아닌가

실무자는 구술내용을 그대로 적어 연설문을 이실장에게 인계하는 것으로 작업이 완료되었다.

그는 역사적 어록이 될 만한 많은 용어를 창조해냈다. 평소에 급하게 말을 할 때에 말을 약간 더듬는 이 실장은 그가 전매특허로 사용해서 유명했던 용어 "고무적이다"라는 말을 할 때는 "고……고무적이다"하고 더듬기도 했다.

셋째, 인간적으로 자상하고 다정한 분이었다.

한번 맺은 인연을 소중하게 생각하는 분이었다. 이실장이 대통령 비서실장으로 재직하고 있던 1969년 어느 날이었다. 내가 중앙일보 청와대 출입 기자를 그만두고 삼성그룹 회장비서실에서 근무하고 있을 때였다.

그날 나는 친구들과 광화문에서 점심식사를 하고 세종문화회관 앞길을 걷고 있었다. 옆 차도에서 갑자기 검은 세단이 내 옆에 급

정거했다. 차 앞자리에서 이장우 실장(비서실장 비서, 수협회장)이 내리더니 나에게 달려왔다.

무조건 차에 타라는 것이었다. 놀랍게도 뒷좌석에는 이후락 실장이 앉아 있었다. 이실장은 세종문화회관에서 조선일보까지 가는 불과 몇 분 사이에 안부를 묻고는 지갑에서 수표 두 장을 꺼내 주면서 용돈에 보태 쓰라고 했다.

지금의 화폐 단위로 계산하면 약 2백만 원 정도, 당시로는 큰돈이었다.

그리고는 나를 내려주고 쏜살같이 사라졌다.

그 바쁜 어른이 길에서 나를 발견하고 차를 세운 것, 청와대를 떠난 지 오래된 나에게 촌지를 챙겨주는 인간미, 오래오래 나의 기억에 좋은 추억으로 남아있다. 그는 한번 인연을 맺은 한사람 한사람을 세심하게 배려하는 정말 자상한 분이었다.

넷째, 그는 직무와 관련된 사람들에 대해서는 신상을 철두철미하게 파악하고 있는 분이었다. 출입기자들의 신원은 꿰뚫고 있었다. 놀라운 사실은 그분은 내가 학창시절에 토론과 대중연설에 제법 재능을 발휘하고 있었다는 것을 알고 있었다.

박정희 최고회의 의장이 최전방 지포리에서 군복을 벗고 민간인으로 전역하기로 한 전날 밤 1963년 8월 29일 나는 이실장이 평소 비밀 아지트로 사용하던 반도호텔 803호실로 호출되었다.

거기에서 이실장은 나에게 박정희 의장의 역사적인 전역사 "다시는 나와 같은 불행한 군인이 나타나지 않기를 바란다"는 연설문을 보여 주는 것이 아닌가. 나는 정말 놀랐다. 기자인 나를 이렇게까지 믿고 알아주는가.

감격하지 않을 수 없었다. 연설문을 한번 읽어보고 장충동 최고회의 의장 공관으로 가서 박의장께 연설에 관한 조언을 해주라는 주문이었다.

공관에서 이실장은 나를 박의장에게 소개하고 나를 동행한 이유를 설명했다.

박의장은 평생 몸담았던 군 생활을 마감하는 전야라 만감이 교차하는 듯 연설문을 한번 읽어보라는 이실장의 조언을 뒤로하고 모처럼 후배를 만났으니(대구 사범학교와 경북 사대부고) 술이나 한잔하자고 제의했다.

그로부터 술자리는 새벽2시까지 계속 되었다. 공화당 창당구상, 경제개발청사진, 새마을운동 등 국가경영에 대한 장기비전과 확고한 통치철학 등 박정희 대통령의 발언과 신념에 찬 모습은 지금 이 순간까지도 나의 뇌리에 그대로 각인되어있다. 그 날 밤 박 정희의장과 이후락 실장, 두 어른과 함께 보낸 몇 시간은 나에게는 영원히 잊을 수 없는 귀중한 순간이었다.

(2010. 1. 1. 대한언론, 대한언론인회)

07
국가전반에 국제화가 시급하다
미국 등 4대강국 전문가와 국제적인 로비스트 양성해야

　2년 전 중국 방문길에 우연히 일본 외무성 수습외교관을 만났다. 그 청년은 장차 중국주재 일본 대사관에 부임하기에 앞서 중국을 공부하기 위해 국비로 1년 간 중국 전역을 돌며 배낭여행을 하고 있다고 했다.

　그에게는 특별히 주어진 임무도 없었고 단지여행을 하면서 중국을 보고 느끼고 공부한 후 최종적으로 보고서 한 장만 써내면 된다는 것이었다. 월드컵 본선에 출전하기 위해서라면 외국인도 귀화시켜 서슴없이 자국민으로 만드는 일본은 50여년 전에 이미 석유자원에 대한 중요성을 예측하고 종합상사인 미쓰비시상사가 하야시라는 사원을 사우디아라비아에 파견해 주재원으로 근무시켰다. 그에게 사우디아라비아 국적을 취득케 하고 회교도로 개종, 이름도 하지 하야시로 개명했다고 한다.

많은 세월이 흐른 후에 그 사원은 하지 하야시라는 사우디아라비아인 자격으로 70년대 초 오일 쇼크가 일어났을 때 석유구매교섭의 창구역을 전담해 일본은 당시에도 손쉽게 석유를 확보할 수 있었다고 한다. 오늘날 일본이 경제대국이 된 것은 결코 우연이 아니라 이처럼 한 세기 앞을 내다보면서 각 분야에 국제적으로 통하는 인재를 키운 결과라 할 수 있다.

이와는 대조적으로 우리나라는 이번 외환위기로 국제통화기금(IMF)의 경제식민지가 되었었을 때 4천 5백만 국민 중에 캉드쉬 총제와 전화 한 통화할 수 있을 정도의 친교관계를 가진 사람도 없었으니 얼마나 안타까운 일인가. 그 많은 유학생을 외국에 파견했는데도 이런 국가적 위기 때 필요한 국제 금융통, 일본통, 중동전문가는 찾아볼 수 없었고, 미국의 지도층 인사들을 움직일 수 있는 실력자 한 사람 없으니 말이다.

또 이번 같은 위기 때 우리는 동원할 수 있는 거물급 외국 로비스트를 확보하는데도 실패했다. 우리나라 금융, 외교 분야의 관료, 정치인, 학자, 세계의 주목을 받고 있는 재벌총수들 조차 국가위기 상황에서는 속수무책이었다. 모두 국내에서만 목청을 높이는 우물 안 개구리에 불과했다.

더구나 우리나라 국가 이미지가 좋지 않아 세계 금융을 주름잡고 있는 미국 정부 관계자나 월가의 실력자들도 우리를 위해 발 벗고 나서기를 주저한다는 것이다. 미국의회 일각의 한국에 대한 비판적인 시각도 문제지만 일부 미국 언론들조차 우리에게 비우호적이라니 더욱 심각한 상황이다.

88년 서울올림픽의 영광과 한강의 기적은 간데없고 그 동안 우리의 부끄러운 모습만 부각된 모양이다. 어쩌면 '졸부 행세를 하더니 잘 되었다'는 심사가 그들 마음속에 자리 잡고 있는지도 모르겠다. 우리는 위기극복에 동원할 만한 마땅한 인재가 없어 쩔쩔매고 있는 반면 미국이나 일본에는 한국에 정통한 전문가들이 수두룩하다.

이들 두 나라는 유사시에 한국 거물급 인사들과 공식 비공식으로 언제든지 접촉할 수 있는 지한(知韓) 인사들도 수없이 많다.

정작 국제적 전문가가 필요한 나라는 이들이 아니라 우리인 것이다. 외화위기가 아니더라도 우리나라는 지정학적으로 미국, 러시아, 중국, 일본 등 4대 강국에 둘러싸여 있는데다 천연자원이 없기 때문에 우리의 살길은 4대 강국 간 세력균형을 이용한 세련된 외교와 수출을 통한 통상밖에 대책이 없다.

우리는 생존을 위해서라도 외교와 통상, 국제금융 분야 전문 인력을 길러야 하는 처지다. 그러나 우리는 국제금융전문가는 물론 로비스트도 제대로 양성하지 못했고 현재 인재를 키울 토양도 장기대책도 갖추지 못하고 있다. 이 시점에서 우리는 장기적 안목에서 인재를 육성하고 있는 일본을 배워야 한다.

일본 내셔널전기 창업자인 마쓰시타 고노스케가 창설한 마쓰시타 정경의숙(政經義塾)은 백년대계를 목표로 중·장년 인재들을 선발해 재교육, 정치 경제 분야에 세계적 인물로 키우고 있다. 다른 한편으로 우리는 로비스트를 활용해 국제사회에서 차원 높은 외교력을 구사하고 있는 대만을 주목해야한다.

외신에 따르면 대만은 빌 클린턴 대통령의 정치적 라이벌이었던 밥 돌 대통령후보를 로비스트로 채용할 계획이라는 것이다. 이밖에 워싱턴 정가와 월가를 누비는 거물급 로비스트를 확보해 중국을 상대로 국제사회에서 결코 밀리지 않는 외교전을 펼치고 있다.

대만은 자국민 중에도 세계적 국제금융, 외교전문가와 로비스트들이 많지만 국익을 위해서는 외국인도 과감하게 로비스트로 기용하는 전략을 서슴지 않는다. 인류역사를 보면 거물급 로비스트 활약에 따라 한 나라의 운명이 바뀐 사례를 얼마든지 찾아 볼 수 있다. 정부와 기업은 이번 외환위기를 계기로 장기적인 안목에서 미국, 일본, 중국, 러시아 등 강대국에 정통한 전문가를 양성하는 일과 이들 나라를 대상으로 한 로비스트를 확보하는 대책을 시급히 마련해야 한다.

안보적인 관점에서도 한반도 주변 강국에 대한 전문가양성은 우리의 지상과제라 해도 과언이 아니다. 어려운 일을 당했을 때 순수한 마음으로 도움을 주는 친구가 참으로 큰 힘이 되는 것은 개인이나 국가나 마찬가지다. 정치인들로 지구촌 시대에 걸맞게 발상을 전환해 세계무대로 나가 미국 등 강대국 지도급 인사들과 친선관계를 맺고 이들을 친한(親韓)인사로 만드는 데 전력투구해야 할 것이다.

정부 특히 외무부 당국자들과 통상 금융관계자들은 외국유력 인사들과 과거처럼 형식적인 의전위주의 접촉이 아닌 진심으로 우리를 이해하게 만드는 실리 내실위주의 국제적 교류를 해야 한다. 또한 정부는 외국에 투영된 우리의 부정적 국가 이미지를 개선하는데 특단의 조치를 강구해야 한다.

우리나라의 실상이 잘못 알려진 부분에 대해서는 하루 빨리 적극적인 홍보대책을 세워 이를 과감하게 수정해야 한다. 기업과 민간단체들도 각종 친선협회 등을 이용한 민간외교를 활발하게 전개, 국가가 위기에 처했을 때 그들이 부담 없이 우리를 도울 수 있는 분위기를 조성하는데 앞장서야 할 것이다.

(1998. 1. 27 매일경제, 분석과 전망)

08
한밭(대전)을 떠나며

아찔하도록 따사로운 봄 내음이 자꾸만 짙어가는 계절입니다.

애독자 여러분이 보내준 따뜻한 격려와 가슴 벅찬 성원에 진심으로 감사드리며 이 아름다운 계절의 모든 기운이 함께 하시기를 기도합니다.

필자는 3월 26일 정부의 투자기관장 인사에 따라 지난 89년 4월부터 근무해온 한밭 연축동의 수자원공사 동산을 떠나게 되었습니다.

돌아보면 지난 4년여 이곳 한밭에서의 생활은 정다운 인심과 전통의 향기를 배울 수 있었던 소중한 시간이었습니다.

또한 여러 가지로 모자라고 부덕한 필자에게 진정한 공직의 길을 그리고 봉사의 고귀한 의미를 가르쳐주기도 했습니다.

이곳 한밭에 처음 발을 내디뎠을 때 낯설고 생소하기만 했던 필자는 이내 이곳 특유의 포용력으로 한밭 사람이 되었습니다.

필자는 그 한밭의 무한한 잠재력과 미래지향의 내일을 믿습니다. 국토의 중앙에 자리하여 모든 산업의 핵이 될 수 있으며 이곳 사람들은 지역감정을 융화 할 수 있는 따뜻한 마음과 후한 인심 너그러운 포용력을 지니고 있음을 다시 한번 확인합니다.

이제 이곳에서 세계를 열고 미래를 개척하는 EXPO행사가 열립니다.

우리의 전통과 세계 지구촌의 첨단 과학이 어울릴 이번 행사를 통해 무한한 한밭의 힘을 다시 세계를 향해 떨칠 수 있을 것입니다.

비록 짧은 기간이었지만 한밭에서 공직의 소임을 맡은바 대가 없이 해낼 수 있었던 점에 감사하며 오래도록 큰 자긍심으로 가슴에 새겨져 있을 것입니다.

하지만 그중에서 가장 안타까운 점은 맡은 일에 골몰하다 보니 보다 많은 사람들과 가슴을 열고 정감을 나눌 기회가 적었다는 점입니다

능력에 비해 너무 막중한 임무를 수행하려다 보니 개인적 시간을 갖고 서로의 정을 나눌 시간을 내지 못했다는 점이 정말 가슴 아프게 생각합니다.

필자가 근무했던 수자원공사는 연축동의 아름답고 아담한 언덕 기슭에 자리하고 있습니다.

봄이면 개나리와 진달래가 지천이고 온통 꽃향기로 가득합니다.

이곳에 처음 왔을 때에도 봄이었고 같은 계절의 향기 속에서 인사를 올리게 되었습니다.

그동안 보잘 것 없는 글에 보내주신 애독자 여러분의 격려와 다정한 충고에 감사말씀 드립니다.

(1993년 3월 31일 수, 대전매일)

09

돌 냄비 물 끓듯

우리는 지리적으로 강대 열강들의 틈바구니에 놓인 반도국이다. 역사를 통해서 보면 우리는 계속되는 침략과 그 국가적 위기를 극복하려는 노력의 연장이었다 해도 과언이 아닐 것이다. 강대국의 예고 없는 외침으로부터 나라와 백성을 구해내기 위해 종교적 힘을 빌기도 했고 때로는 임기응변의 지혜를 발휘하기도 했다.

우리의 오천년 역사 속에서 순간의 임기응변이 개인의 목숨은 물론 나라를 위험에서 건진 일화는 수없이 많다.

이러한 역사적 근거에서 오늘 우리가 지닌 조급함이 시작되었다고 한다면 지나치게 확대된 시각일지도 모를 일이다. 하지만 현재 우리에게는 분명 여유가 없다.

행동과 사고, 미래를 바라보는 계획적인 시각에 이르기까지 우리는 매사에 빨리빨리 처리해야하고 결과에 대해 성급한 확인을 요구한다. 내일에 대한 장기적 안목보다 현재 이 순간에 더욱 치중하고 단견적인 의사결정에 더욱 익숙해있다.

아니 어쩌면 우리 사회의 시각 자체가 이러한 단기적이고 빠른 승부에 훨씬 후한 점수를 주고 있다 해도 지나치지 않다. 지금당장 눈으로 확인하고 손으로 만져봐야 마음이 놓이며 성취감을 느끼는 조급증이 우리사회 곳곳에 많은 병리현상을 후유증으로 남겨놓았다.

미래를 내다보는 장기적 정책을 입안하기 보다는 자신의 재임기간 동안에 빛날 수 있고 위상을 높이는 일에만 골몰하는 마음가짐이 튼튼하고 뿌리 있는 사회 분위기를 해치고 있는 것이다.

벽돌을 한장 한장 쌓아야 한다는 과정은 잊은 채 맡은 기간 동안에 모두 쌓아 완성시켜야 한다는 조급증이 결국 졸속과 시행착오, 부실공사를 초래한다.

당대에 평가받기를 두려워하고 선의의 충고를 받아들이지 못하는 여유 없음이 문학, 예술, 사고에 있어서 여백을 인정하려 하지 않는다.

"돌 냄비 물 끓듯"하라는 속담이 있다. 모든 일에 있어서 순간에 치중하지 말고 신중하고 장기적인 일처리를 강조한 말이라고 해석된다.

우리의 사고와 행동 계획에 있어서 여유를 찾고 우리 모두가 이 시대에 벽돌을 한 장 더 쌓는다는 건실한 사회분위기가 조성될 때

주위를 돌아보는 훈훈한 마음과 정신적 안정이 이루어질 수 있을 것이며 신한국 창조의 주역인 국민 스스로의 몫을 다하는 길이 될 수 있을 것이다.

(1992년 3월 3일 수, 대전매일)

10
이름의 과대포장

우리가 매일 사용하는 언어는 사회적인 약속이다.

하나의 명칭은 하나의 사물을 지칭하는 약속이고 새로운 사물에 대해서는 새로운 이름이 붙여지게 된다. 만일 이 약속이 깨어지게 되면 사회의 규범이 흔들리고 사람들은 혼란을 일으키게 될 것이다.

요즘 우리는 이름과 명칭의 과대포장으로 인해 우리 스스로 혼란과 무질서를 불러일으키는 듯하다.

모 지방 농과대학에서 전통적으로 내려오던 잠사학과의 과명을 천연섬유학과로 고쳤다 한다. 국립대학인 서울공대는 오래전에 광산학과를 자원공학과로 섬유공학과를 고분자공학과로 명칭을 변경했는데 그 후 그 학과의 지원자가 훨씬 많아졌다는 것이다.

뿐만 아니라 개명한 과의 입학점수도 그 전보다 훨씬 높아졌다는 사실은 오늘날 우리 사회의 수준을 짐작케 하는 것 같아 씁쓸한 여운을 감출 수 없다.

토목공학과를 토목환경공학과로 명칭을 바꾼 뒤에 합격선이 17점이나 올랐고 또 다른 대학에서는 학교 동문과 교수들이 토목공학과의 명칭을 바꿔보고자 아이디어를 모으고 있다고 한다.

과대포장이나 명칭의 인플레 현상이 어제 오늘의 일은 아니지만 한 사회의 상아탑을 자처하는 대학에서부터 이러한 전시 효과적 발상이 자행되고 있다는 사실이 더욱 안타까운 일이다.

변화와 개혁은 개인과 사회의 발전을 위해 반드시 필요하다 그러나 실질을 변화시키지 못한 채 서로가 첨단의 학문임을 선전하는 듯한 과대포장은 만일 법의 규정이 적용된다면 과대광고의 위법 행위가 될 수도 있는 것이다.

또 학교를 지망할 때 그 학문의 성격과 내용을 파악하는 일은 뒷전으로 미루고 대학과 학과의 이름을 좇는 일반인들의 의식구조도 큰 문제이다.

아직도 우리 사회 전반에 만연되어있는 과소비와 거품경제 현상이 이렇게 실속 없이 포장을 중시하는 태도에서 기인하는 것은 아닌지 다시 한번 돌이켜 볼일이다.

우리가 진정 걱정해야 할 일은 학과 명칭이 아니고 교육의 질이라 여겨진다. 모든 학문의 궁극적 목적은 결국 그 쓰임에 있는 것이다. 정상적인 대학교육을 마치 고도기업에 입사한 뒤 다시 재교육을 받아야하는 모순을 지적하는 산업현장의 목소리에 귀를 기울일 필요가 있다.

   또한 우리의 대학이 학생들에게 죽은 학문을 전달해주고 있지는 않은지 다시 한번 돌이켜 보아야하겠다. 우리사회가 명분보다는 내실을 도모하려는 실사구시의 노력이 존중되고 포장보다는 내용을 이름보다는 실질을 중요시하여 믿을 수 있고 예측 가능한 사회가 되려는 노력을 게을리 말아야겠다.

   (1993년 2월 17일 수, 대전매일)

11

국산품 애용

현재 우리국내시장은 국산품애용이 라는 말이 진부하게 들릴 정도로 외국상품에 개방되어 있다. UR협상이 세계경제의 큰 현안으로 등장한 시점을 감안한다면 국산품 애용이란 말은 시대의 뒤떨어진 용어일수도 있다.

또한 국제적 상호주의 정신에서 본다면 보호주의적 수단의 전형이요 국수주의의 한 단편이라고 말할 수 있을지도 모를 일이다.

그러기에 우리는 소리 내서 우리상품만을 사용하자는 운동을 전개하기가 그리 쉽지만은 않은 것이다. 현대는 세계 각국이 탈 냉전 속에서 자국이 살아남기 위한 무서운 경제전쟁을 벌이고 있으며 우리는 그 전쟁의 한복판에서 별다른 방어 대책 없이 위험에 노출되어 있다고 해도 과언이 아니다.

판매 없이 기업 없다는 경제원칙은 오랫동안 진리로 인식되어져 왔다. 우리가 우리 것을 사용하고 않고 먹지 않을 때 우리 기업은 문을 닫아야 할 것이고 우리 농촌은 가난해질 수밖에 없는 것이다.

값싸고 질 좋은 외국상품이 우리시장에 물밀듯 밀려오고 있는 이때에 우리 상품은 고임금에 밀려 국제시장에서 나날이 경쟁력을 잃어가고 있다. 연일 신문지상에는 중소기업 특히 노동집약적인 제조 기업이 쓰러지고 있다고 보도하고 있다. 우리가 우리 상품을 애용한다면 그 기업들은 다시 살아날 수 있을 것이다. 그러나 불행히도 최근 우리들 특히 사회지도층과 경제적 여유를 가진 사람들 사이에서 경쟁적으로 외국 상품을 선호하는 분위기가 확산되고 있다.

심지어는 외국상품을 사용하는 것에 대해 정신적 우월감마저 느끼는 듯한 인상을 받을 때도 있다. 자국의 국산 자동차만을 고집하는 일본지도층의 자존심과 공무 중에 스스로 명찰을 달고 솔선수범하는 말레이시아의 마하티르 수상, 과거 우리나라 전두환대통령이 값싼 국산시계를 차면서부터 적어도 이 땅의 지도급 인사들 사이에서 고가 외제 시계가 사라졌던 역사적 사실을 우리는 기억한다.

지금이야말로 힘 있는 사회지도층과 가진 사람들의 국산품 애용이 절실히 필요한 시점이다. 특히 우수한 국산품을 애용할 때 그 생산기업은 세계 최고급품을 생산할 수 있는 기업으로 발전 하게 될 것이며 일반국민에게도 자연스럽게 이런 분위기가 확산, 국산품 애용이 이루어 질것이다.

전쟁에 있어서 승리는 생존과 직결된다. 패전은 파멸이다. 그것이 경제를 도구로 한 전쟁이라 하더라도 반드시 이겨야 하는 것이다.

경제 전쟁에서 승리의 요체는 우리 국민들이 일상생활에서 작은 일용품을 국산품으로 사용하는 것에서 출발한다.

값이 약간 비싸더라도 국산품을 쓰는 소비자, 그러한 소비자의 희생에 감사하며 더욱 질 좋은 제품 생산에 주력하는 생산자가 함께 할 때 우리는 경제전쟁의 진정한 승리자가 될 수 있을 것이다.

(1993년 1월 27일 수, 대전매일)

12
새로운 한국창조와 국민의 역할

　지금 우리는 새 역사와 함께 진행될 신한국 건설에 대한 희망과 기대감으로 충만해 있다 김영삼 차기 대통령이 주창한 신한국 창조는 그동안 잠재 되었던 우리민족의 잠재력과 저력을 다시 일깨워 신바람 나는 나라를 만들어 보자는 신념이라고 할 것이다. 그러나 진정한 신한국 건설은 정부의 역할을 기대하기에 앞서 주권자인 국민 스스로의 참여 속에서만 성공할 수 있다는 점을 주목해야 한다.

　미국 케네디 대통령취임사에서 위대한 미국이 건설되기 위해서는 "국가가 나를 위하여 무엇을 해줄 것인가 생각하기 전에 내가 국가를 위해서 무엇을 할 것인가 생각해야 한다"고 역설한 것을 우리는 잘 알고 있다.

이는 곧 온 국민이 권리보다 의무를 먼저 생각하고 이익의 쟁취보다는 고통의 분담을 기꺼이 받아들일 때 우리의 꿈이 실현된다는 말로 이해될 수 있을 것이다.

모든 일에 기대가 지나치면 실망 또한 크다는 말이 있다. 현 시점에서 우리나라가 처한 제반 여건으로 미루어 볼 때 하루아침에 선진국에 진입하거나 우리의 이상이 실현되기에는 어려움이 많다고 하겠다.

무지개 빛 꿈과 이상도 중요하지만 현실을 냉철하게 판단하고 우리가 처한 위치에서 각자 무엇을 어떻게 해야 우리나라가 새롭게 태어날 수 있을 가를 진지하게 생각해 보아야 할 것이다.

새 역사의 시작과 더불어 사회 각 분야에서 차기 정부에게 거는 기대가 큰 것이 사실이다. 하지만 각계각층의 국민들이 제각기 자신의 권익만을 주장함으로써 혼란과 퇴보를 경험했던 지난날의 교훈을 결코 잊어서는 안 될 것이다.

문민시대의 개막으로 자율과 민주화의 목소리가 더욱 커질 것으로 예상된다. 하지만 진정한 민주주의는 양보와 인내 공동체적 질서의식을 존중하는 자기희생이 선행될 때 비로소 각자의 권리를 주장할 수 있음을 잊지 말아야겠다.

정부에 대한 국민들의 지나친 기대는 정책 결정권자에게 큰 부담을 줄뿐만 아니라 정부의 노력만으로는 우리가 바라는 안정과 번영이 이루어지지 않는다는 것을 생각해야 한다.

신한국건설의 요체는 먼저 나 자신이 희생하고 내 몫을 양보하

며 내가 소속된 조직의 목소리를 낮출 때 그 실현이 가능한 것이다

또한 한 가정에서 어른의 솔선수범이 모든 가족들에게 영향을 미치는 것처럼 우리사회 지도층이 솔선수범하고 모범을 보일 때 우리의 목표 달성은 앞당겨 질것이다.

신한국은 반드시 이 시대에 우리 손으로 창조해야 한다. 진정한 신한국 건설을 위해 양보하고 인내하며 화합하는 미래지향적 국민 의식이 필요한 시점이다.

(1993년 1월 20일 수, 대전매일)

13

도시문화 창출의 시작

도시가 급속히 발전하고 양적으로 팽창하면서 여러 분야의 문화적 변화를 가져왔다. 특히 기존의 단독주택에서 공동주택으로의 주거문화 변화는 도시만의 독특한 문화 형태를 구축했다고 할 수 있다.

몇 가지 단점에도 불구하고 외형적 통일성과 편리함 개인적 생활패턴을 보호 받고자 하는 도시인의 욕구에 부응하여 아파트는 공동주거생활의 대명사로 자리 잡았다.

그러나 이러한 아파트의 급속한 양적 성장에 비해 입주민들이 함께 공존해야하는 우리의 공동체적 질서의식은 아직도 깊은 동면에서 깨어나지 못한 듯한 안타까움을 느끼게 한다.

최근에 필자가 한 아파트를 방문한 일이 있다. 단지에 들어섰을 때 나는 놀라지 않을 수 없었다. 유일하게 한 집의 외벽에 단지 외벽과 전혀 다른 색의 벽돌을 붙여 아파트의 품위를 떨어뜨리고 있었다. 그뿐만이 아니었다.

집집마다 개인 위성안테나와 에어콘의 실외기를 무질서하게 설치하여 아파트의 외형은 엉망이었다. 이미 공동주택으로서 외형적 통일성의 원칙을 상실하고 있었다

우리가 가장 기본적 삶의 터전으로 아파트를 선택 하였을 때 입주자들은 아파트의 외벽에 기본적인 시설물을 설치하는 경우, 적어도 통일된 형태의 외형을 준수할 것을 사전동의한 것으로 간주해야 하는 것은 당연한 것이다.

그럼에도 불구하고 내부의 창틀 대형유리의 색상 등은 물론, 건물안전에 위험을 초래할 수 있는 구조변경까지 서슴지 않는다는 것은 실로 공동생활이라는 최소한의 질서의식조차 결여된 행동이라고 할 수 있는 것이다.

인도까지 상품을 진열해 놓은 상가나 보다 선정적인 시각 효과를 노린 도심의 수많은 간판과 광고물 등도 역시 공공질서의식에 대한 훈련이 충분치 않은 탓이라고 하겠다.

현대는 편리하고 질서 있는 도시를 창조하기위해 모든 시설물에 대한 관리개념 도입의 필요성이 강조되고 있다.

개인적 사익과 소수의 편익을 추구하기 보다는 다수 시민의 권리와 행복에 더 치중하고 공공성을 보장하기 위해서는 도시를 관리의 대상물로 인식해야한다.

그리고 그 관리는 공무원만이 아닌 시민 모두가 함께 참여해서 이루어 가야하는 것이다. 아름다운 도시를 창조 유지하기 위해서는 질서를 파괴하는 자에 대해서는 응분의 책임을 물어서라도 올바른 도시문화를 정립해야 할 시점이다

도시는 시민들이 편익을 공유할 수 있어야한다. 때문에 우리 시민들에게는 도시를 아름답게 가꾸어야 할 의무도 함께 지어지는 것이다. 도시국가 싱가포르의 아름다운 건축물, 깨끗한 거리, 질서 정연한 가로수, 쓰레기투기자에 대한 엄한 벌금, 엄격한 보행규칙 준수 등 국가가 앞장서고 국민들이 참여해서 이룩한 모범사례라 할 수 있다. 스위스의 꽃밭 가꾸기, 창틀에 화분걸기, 도시환경을 해치는 공지의 소유자에게 벌금을 부과하는 정책 등 우리도 외국의 성공사례를 벤치마킹 할 필요가 있다. 많은 사람이 함께하는 공공의 생활에서 다수를 위해 소수가 양보하는 공동 질서의식을 새롭게 다져야할 시점이다. 그것이 곧 질서의 시작인 동시에 올바른 도시문화 창출의 정도인 것이다.

(1993년 1월 5일 화, 대전매일)

14
중국을 제대로 알자

중국을 처음 여행하는 어느 외국인이 큰 산 밑에서 삽질을 하고 있는 한 농부를 만났다. 무슨 일을 하고 있느냐는 질문에 그 농부는 놀랍게도 지금 산을 치우고 있는 중이라고 대답했다고 한다. 이 어이없는 답변에 놀란 외국인이 언제까지 그 일을 하려 하느냐 라고 다시 묻자 그는 태연히 내 평생을 걸고 이 산을 치울 계획이다. 만약에 내 일생에 다 이루지 못하면 아들 대에서 하고 안 되면 손자 대에 그래도 이루지 못하면 천년을 두고 땀을 흘리면 언젠가는 이루어질 것이라고 대답했다고 한다.

이 이야기는 중국인 특유의 장기적이고 끈질긴 국민성을 단적으로 표현하는 일화라고 할 수 있다. 이 일화는 중국의 고전 열자(列子)의 탕문편(湯問扁)에 우공이산(愚公移山)이라는 이름으로 나오는 얘기이다.

고사성어(故事成語) 우공이산은 21세기에 와서 실제로 중국에서 기적처럼 일어났다. 중국이 청일전쟁에 패해 영국에 빼앗겼던 홍콩을 몇 년 전에 되돌려 받았던 일이 바로 그것이다.

1992년 한·중 국교가 수립되면서 중국을 여행하고 온 사람들이 부쩍 늘어나고 있다.

중국을 다녀 온 여행객 중의 일부는 그들이 이제 겨우 식생활을 해결한 정도의 후진국이라고 과소평가하는 반면에 혹자는 그들의 무한한 잠재력을 보고 대국으로 성장할 것이라는 평가를 내리기도 한다.

과연 우리는 중국에 대해 얼마만큼 올바로 알고 있는가?

유구한 역사를 가지고 있는 중국은 적어도 18세기 이전까지는 정치 경제 문화 모든 면에서 세계의 중심이었다. 이른바 중화사상(中華思想)으로 무장된 중국은 팍스 시니카시대를 누려왔다. 현재 중국은 10억이 넘는 인구와 무진장으로 매장되어 있는 지하자원 한반도의 50배가 넘는 영토를 가지고 있고 경제적 측면에서는 세계의 공장으로 자리 잡기 시작했으며 인공위성과 핵무기를 보유한 최첨단의 국방과학기술 보유국임이 분명하다.

또한 예부터 중국인들의 상술은 유대상인, 아랍상인 네덜란드 상인과 함께 세계의 상권을 장악할 정도로 오늘날도 높은 평가를 받고 있다.

국력이 쇠잔했을 때 홍콩을 영국에 조차해주고 강대국으로 성장한 후 되돌려 받는 저력을 지닌 중국인들이, 우리 업체가 중국에 진출 했을 때 법적으로는 과실송금을 허용한다고 하지만 과연 그들이 자신의 영토에서 번 돈을 쉽게 가져갈 수 있도록 호락호락 할 것인가에 대해 심사숙고해야 한다. 장기적으로 그들이 노리는 것은 땅과 노동력만을 빌려주고 투자와 기술이전을 유도하는데 있다는 사실을 알아야한다.

이러한 중국을 올바로 이해하지 못한 우리는 단기적 안목으로 중국시장을 대상으로 한 일확천금의 허황된 꿈을 꾸고 돌진하는가 하면 정치외교 분야에서도 서두르기만 하다가 실리를 놓치고 있는 것은 아닌지 냉정한 반성이 있어야 할 일이다.

분명 중국은 아직도 정치체제상 사회주의 국가이며 경제적으로 자본주의의 장점을 지향하는 국가라는 사실을 잊지 말아야한다.

일당독제의 정치적 안정을 바탕으로 한 압축개발을 통해 장차 우리와 세계시장의 통상부문에서 가장 어려운 경쟁자가 될 수 있음을 항상 경계해야한다. 무엇보다 현시점에서 우리가 생존할 수 있는 길은 중국보다 언제나 기술력에서 한발 정도 앞서가는 기술격차를 유지해야 한다는 사실을 명심하고 우리 자신을 추스리는 일에 게을리 하지 말아야 할 일이다.

(1992년 12월 12일 토, 대전매일)

15

일본문제 연구소를 만들자

　일본과 우리나라는 누가 뭐래도 가깝고도 먼 나라이다. 한일 간에는 영원히 지울 수 없는 쓰라린 과거사를 가지고 있다. 그러나 지정학적으로 보면 우리의 이웃에 위치한 나라임을 부인할 수 없다. 일부 지정학자들은 만약 일본열도가 현재의 위치보다 200킬로미터 정도 태평양쪽에 입지했었더라면 우리의 역사는 완전히 달라졌을 것이라고 기술하고 있다. 당시의 조선기술과 항해술로는 일본이 도저히 한반도에 접근할 수 없었을 것이라는 계산 때문이다. 우리 조상들은 일찍이 삼국시대부터 일본에게 문화와 예술을 전파해주었던 문명선진국이었다. 그러나 시대변화를 읽지 못한 우리의 무능한 선조들 때문에 근세에 와서 우리는 일본의 식민지라는 치욕적인 고통을 감수해야 했던 아픈 기억을 가지고 있다.

기억하고 싶지 않은 과거의 부끄러운 역사적인 사건들 때문에 우리는 지리적으로 가장 가까운 일본이지만 감정적으로는 너무나 먼 나라가 되고 말았다. 이런 이유로 우리국민들의 마음속에는 노골적으로 일본을 싫어하는 반일정서가 자리 잡고 있다. 때문에 우리는 감정에 사로잡힌 나머지 냉정해야할 대일 외교교섭에서도 실수를 범해 적지 않은 손해를 보는 경우가 종종 있었다.

우리는 대일외교를 수행함에 있어서 감정적으로 접근하는 경향이 있는 반면 일본은 얄미울 정도로 냉철한 현실주의를 바탕으로 철저히 이성적으로 우리를 파고들고 있다. 단적으로 과거 주한 일본 대사관에 근무하는 일본 외교관들은 우리말을 모르는 경우가 대부분이었다.

그러나 지금은 상황이 완전히 다르다. 현재는 한국 사람보다 한국말을 더 세련되고 능란하게 구사하는 외교관이 대다수를 차지하고 있다. 우리에게는 일본에 대해 전반적인 문제를 연구하는 일본문제전문가가 거의 없는 반면 일본은 학계, 재계, 정계 등 모든 분야에 있어서 한국문제 전문가를 수없이 배출하고 있으며 심지어 우리의 고전을 우리보다 더 깊이 연구한 학자도 부지기수이다.

현대는 지식정보화사회이고 정보가 국가의 안보와 국가경쟁력의 기초요 원동력이다. 우리는 1592년 임진왜란 때 부산에 상륙한 지 불과 18일 만에 서울을 유린한 도요토미 히데요시(豊臣秀吉)를 비롯한 왜군에게 우리국토를 송두리 채 내어주었던 치욕적인 역사를 가지고 있다. 당시 우리의 참패는 조선조 위정자들이 정보전에서 일본에게 완패했기 때문에 일어난 비극이었다. 일본 군부는 침략개시 몇 년 전부터 스파이들을 상인, 승려, 관료들로 위장, 대거 우리나라에 파견해서, 국방태세, 군 병력 현황, 무기, 국민의 사기 등을 철저히 조사해서 완벽하게 전투태세를 준비한 후 침략을 개시했었다.

많은 세월이 흘렀다. 그러나 지금 이 시각에도 우리는 정보전에서 과거의 참담했던 실패를 되풀이하고 있다.

비근한 예로 최근 우리나라 유수재벌이 30년사를 편찬하는데 창업초기 역사적인 기록물인 핵심 자료를 그룹 내에서 구하지 못해서 쩔쩔매다가 일본 재벌기업의 조사실에 의뢰해서 놀라울 정도의 자료를 얻었다는 부끄러운 사실이 이를 증명해 주고 있다. 일개 일본종합상사의 정보력이 이러하거늘 정부의 정보수집능력과 축적된 정보의 양과 질은 놀라울 정도일 것으로 예상된다. 필자가 삼성회장비서실에 근무할 당시 국내 모 인사의 신상조사를 위해 국내 모든 정보기관에 문의해보았으나 상식수준의 정보밖에 얻을 수없었다. 할 수 없이 서울에 있는 일본종합상사 지사에 정보협조를 요청했다. 결과는 놀라웠다. 이들의 정보수집능력과 정보의 양과 질은 정말 두려움을 느낄 정도였다. 우리나라 주요 인사들의 취미, 대인관계, 사생활까지 거의 완벽하게 파악하고 있었다.

결론부터 말하자면 이제야 말로 지난날의 부끄러운 역사를 되풀이하지 않기 위해 이웃 일본에 대해서 보다 종합적이고 체계적으로 폭넓고 깊게 일본을 연구해야 할 시점이라 하겠다. 지피지기면 백전백승이라 했다.

오늘날 일본은 분명 세계 제2의 경제 대국이며 멀지 않아 우리의 안보를 위협하는 군사대국으로 탈바꿈할 것으로 예상되기 때문에 우리는 하루빨리 정부, 학계, 재계 등 사회 모든 분야에서 일본문제 전문가를 시급히 양성해야 한다. 깡패들이 궁중에 침입해서 한 나라의 국모를 시해한 사건은 세계사에서 유례를 찾아 볼 수 없는 우리들만의 치욕의 역사임을 결코 잊어서는 안 될 일이다. 그러나 역사는 마음속에 간직하되 대일외교는 감정을 숨기고 선린외교를 통해 실리외교를 구사해야 할 것이다. 먼저 일본을 보다 정확하게 올바로 알기위해 우리 모두가 최선을 다해야 할 것이며 경제력, 군사력과 국민의 사기 면에서 일본을 앞지르는 극일을 실현할 수 있도록 전력투구해야 할 것이다. 이미 문화면에서는 한류를 통해 일본을 가르치고 있으니 문화와 예술은 물론 모든 면에서 일본을 넘어서는 날이 멀지 않아 도래하리라 믿는다.

(1992년 12월 2일 수, 대전매일)

16
아우토반을 달리며 생각했다

지난여름 독일 출장 중에 필자는 세계적으로 유명한 자동차 전용도로인 아우토반을 승용차로 달려보았다. 거울처럼 매끈한 도로의 노면상태와 운전자들의 철저한 준법운전 때문에 정말 안정되고 쾌적했던 승차감을 느낄 수 있었다.

시속 250km를 넘나드는 속력으로 달려도 노면의 요철이나 불안함은 좀처럼 느낄 수 없었다. 노면 결함으로 인한 대형사고의 가능성은 거의 찾아볼 수 없다는 안내자의 설명에 감탄을 금할 수 없었다. 독일이 세계적인 강국으로 부상할 수 있었던 이유는 바로 이 아우토반 노면처럼 나라의 모든 부문이 잘 다져진 튼튼한 기초 때문이 아닌가 생각해 보았다.

나는 며칠 후 독일출장을 마치고 독일과 국경선을 마주한 인접

국가 오스트리아에 입국하는 순간 놀라지 않을 수 없었다. 바로 인접한 나라로 국경선 하나 넘었는데 도로의 사정은 너무나 달랐다. 노면은 요철이 심해 자동차는 요동을 치고 도로의 노폭도 갑자기 좁아졌다. 화장실에 들어서자 정말 당황했다. 돈을 받지 않고 무료에다 그렇게 깨끗했던 독일의 화장실과는 대조적으로 입구에서 입장료를 열심히 챙기고 있었으나 화장실에 들어서는 순간, 코를 찌르는 악취에 나는 기분을 망치고 말았다. 15세기 유럽을 호령했던 합스부르크가의 영광과 명성을 계승하고 있는 오스트리아의 첫 인상은 한마디로 실망 그것이었다. 국경이라 하지만 철조망이 있는 것도 아니고 똑같은 땅인데 단지 국제법적인 선 하나로…. 두 나라가 이렇게도 다를 수 있구나 하는 생각에 머리가 복잡했다. 당시 필자는 우리의 모습을 일본과 중국에 비교했을 때 과연 어느 쪽에 더 가까울 것인지 생각해 보았다.

만에 하나라도 후자에 가깝다고 한다면 우리도 하루빨리 변화와 쇄신을 하지 않으면 노제국 오스트리아와 같이 되지 않을까 하는 걱정이 불현듯 솟아올랐다.

독일을 비롯한 유럽 선진국의 도로 등 건물 구축물들은 우리와는 비교할 수 없을 정도의 긴 역사를 가지고 있다. 그들의 모든 사회간접자본시설은 잘 다져진 기초를 바탕으로 쌓아올린 것이다. 우리나라의 사회간접시설들은 외형상 그들과 비슷한 모습을 하고 있으나 그들처럼 국가의 백년대계를 내다보고 건설하지 않았기 때문에 그 기초는 너무나 허술하고 허약하다. 우리는 그 동안 매사의 바탕인 원초적인 기초의 중요성을 망각하고 대충대충 살아온 것이 사실이다.

　나는 이런 일들을 경험할 때마다 우리는 어떻게 하면 기초를 좀 더 다지고 잘해나갈 방법이 없을까 고민해본다. 우선 교통의 혈맥이라 할 수 있는 도로사정을 놓고 외국과 비교해서 한번 살펴보자. 도로의 기초적 요소인 노면이 평탄하지 않음은 물론 관리가 부실한 지역의 도로의 경우 맨홀덮개가 노면보다 솟아올라있거나 내려앉아 교통사고의 원인이 되기도 한다. 도로변 하수구의 높이가 노면보다 높아 비가 오면 빗물이 하수구로 흘러가지 못하고 도로에 괴여 행인이나 차량이 낭패를 보는 사례도 허다하다. 우리도 이제는 중진국대열에서 벗어나 선진국문턱으로 돌진하고 있지 않은가. 우리 모두가 자기 맡은 분야에서 원초적인 기초부터 다져나갈 때 우리도 독일처럼 선진국으로 발 돋음 할 수 있을 것이다. 지금도 홍수 때 배수펌프가 작동되지 않아 물난리를 겪고, 터널 안에 설치한 먹통 비상전화, 대형건물의 비상구를 물건이나 상품으로 막아놓는 일, 소화액이 분출되지 않는 소화기, 안전점검 없이 검사완료 인증이 된 승강기 이런 것들이 대형재난사고의 원인이 되어 원시적인 사고가 계속, 반복적으로 일어나고 있다. 이런 기초적인 일들이 제대로 지켜지지 않고 적당히 넘어가는 사회풍조가 개선되지 않으면 우리나라의 발전은 기대할 수 없다. 도로를 비롯한 건물, 각종 구축물, 시설물을 설치하는 것도 중요하지만 설치 후 이를 관리하는 기초적인 작업은 더욱 중요하다. 기초공사부터 시작되는 시공관리와 유지보수의 기초인 사후관리를 맡고 있는 감독관들의 임무가 어느 때보다 중요한 시점이라 하겠다.

(1992년 11월 4일 대전매일)

17
밖에서 바라본 우리의 모습

우리는 이미 한 세기가 넘는 이민역사를 가지고 있다. 우리민족은 1903년 하와이 사탕수수밭 노동자로 첫발을 내디디면서 그 후 멕시코, 쿠바 등 남미대륙 머나먼 이국땅에서 맨손으로 고된 노동과 망향의 한을 달래며 이민생활을 시작했다. 이민 1세들은 우리민족 특유의 근면함과 성실성으로 그 나라 국민들을 감동케 했다. 이들이 흘린 피와 땀의 대가로 오늘 날 이민 2세, 3세들은 해당국가에서 경제적 안정을 이루었고 상당수는 해당국의 주류 상류사회로 진입하는데 성공하고 있다.

현재는 현지인들과 비교해도 결코 뒤지지 않는 사회적 지위를 누리고 있는 교포들이 많다. 오늘 날 경제적 풍요를 누리고 있는 이민 2~3세들의 생활 속에는 이민 1세들의 피나는 노력과 가슴

저린 외로움을 달래주었던 망향가의 노래 가락이 곳곳에 배어있다. 오늘날 우리나라가 경이적인 경제적 발전에 따른 국가위상의 상승에는 이국땅에서 흘린 교포들의 땀방울과 그들이 조국에 제공한 지식, 정보, 자본 등이 한 알의 밀알이 되었으리라 생각한다.

필자는 최근 외국 유학에서 돌아온 한 직원의 이야기를 듣고 상당한 충격과 함께 많은 생각을 하게 되었다.

그 직원의 말에 따르면 최근에 외국에 정착한 교민들 중 극히 일부이기는 하지만 돈을 좀 벌었다 싶으면 한때 강남의 졸부들이 행동했던 것처럼 고급 주택가에 호화건물을 구입하고 최고급 승용차에 고가의 가구를 사들이는 등의 허세를 부려 주위교포들과 현지인들의 눈살을 찌푸리게 하고 있다고 한다 .

우리와는 너무나 대조적으로 같은 지역에 거주하는 일본인들은 돈을 벌수록 더 겸손하고 조용하면서도 남에게 피해를 주지 않고 철저히 신용을 지키고 있어 현지인들의 찬사를 받고 있다고 한다. 그들은 표면에 나서서 떠벌리지 않고 대부분 막후 인물로 활약한다는 것이다.

같은 동양계인 중국 사람들은 소리없이 근검절약위주의 실속생활로 엄청난 부를 축적해서 그들이 정착한 나라의 경제를 좌지우지할 정도로 입지를 확보했다. 이미 오래전에 이들은 동남아 제국의 국가경제를 장악했고 최근에는 아프리카 아메리카대륙에서도 엄청난 영향력을 행사하고 있는 실정이다. 화상(華商)이란 이름으로 연결되어있는 중국인들의 비즈니스 네트워크는 장차 세계 경제를 주름잡을 것으로 예상된다.

　최근에 모 대학교수가 한, 중, 일 세 나라의 민족성을 비교한 흥미로운 글을 발표했는데, 그 내용을 소개하면 단기적 경쟁에서는 한국이 뛰어나고, 중기의 비즈니스에는 중국이, 장기적 승부에서는 반드시 일본이 승리한다고 주장했다. 그의 주장을 한번 쯤 음미해볼 가치가 있다고 생각한다. 현재 동양 3국의 상황을 보면 일본은 모든 부분에서 멀찌감치 앞서가고 중국은 우리를 바짝 추격해오고 있다. 이 시점에서 우리가 생존할 수 있는 길은 중국과의 기술격차를 적어도 수년은 유지해야하고 일본을 추월하기위해 온 국민이 전력투구해야 할 것으로 생각된다. 한편으로 치열한 국제경쟁사회에서 생존을 위해서 우리는 먼저 발상의 전환이 있어야하고 시대변화에 걸맞은 새로운 삶의 철학을 가져야할 시점이 아닌가 반문해 본다. 외국에서 우리국민들이 펼치고 있는 행동을 걱정하는 한 젊은 사원의 넋두리로만 생각하지 말자.

　정녕 우리 국민들도 이제 졸부근성에 바탕을 둔 실속없는 허세와 전시효과에서 탈피하여 실리 위주의 삶을 지향해야 할 것으로 생각된다. 산업계와 정부도 비즈니스와 외교정책을 수행함에 있어서 실리위주의 내실을 다지는 방향으로 전환해야 할 시점이다. 우리가 가진 것이라곤 인력자원뿐 이라 해도 과언이 아니다. 세상의 역사는 바로 사람이 창조하는 것이다.

　우리가 세계사의 주인공이 되기 위해서는 우리 국민들의 의식구조와 철학을 바꿔야 한다. 중국인들의 실리와 검소, 일본인들의 정직과 겸손을 본받아야 하지 않을까. 앞으로 우리는 명분보다는 실리, 감정보다는 이성, 내일보다는 모래를 내다보는 장기적이고 전략적인 사고에 바탕을 두고 각자의 임무를 수행해 나간다면 멀지 않아 선진국으로 당당히 진입할 것으로 확신한다.

(1992년 10월 28일 수, 대전매일)

18

무한한 잠재력을 지닌 한국 다시 한번 세계를 놀라게 하자!

한국의 시대가 오고 있다

　한강의 기적이라고 세계인이 찬사를 아끼지 않았던 놀라운 경제 성장을 이룩했던 우리나라는 88년 서울 올림픽을 통해 또 한번 무한한 잠재력을 지닌 우수한 민족임을 세계에 알리게 되었다. 지난 날 미국과 소련이 팽팽히 맞서는 이데올로기의 대립으로 양국이 번갈아가며 불참하는 바람에 절름발이 올림픽을 치러야 했던 과거의 모습과는 달리 서울 올림픽은 명실공히 평화의 제전으로 동서 냉전을 종식시키고 동서화합의 새로운 이정표를 마련했었다.

　88올림픽은 그 제전의 내용면에서도 문화와 예술로 승화된 우리의 전통문화를 선보임으로써 우리민족문화의 우월성을 과시했으며 동시에 우리의 국위를 한 단계 높이는 결정적 계기가 되었다. 아시아의 변방에서, 전쟁의 폐허속에서 중진국으로 도약한 우리나라가 올림픽을 통해 세계의 이목을 집중시키고 지구촌 가족들의 가슴에 코리아를 새롭게 인식시켜 준 그 원동력은 과연 무엇일까?

최근 외국인들과의 대화에서 한국의 저력이 어디에서 나왔는지 자주 질문을 받게 되는데 나는 서슴없이 비록 근세에 와서 우리나라가 외세의 침략을 받아 슬럼프를 겪었지만 우리는 5천년의 찬란한 역사와 문화를 가지고 있는 나라라고 당당히 말하곤 한다. 필자는 역사상 우리민족은 훌륭한 지도자만 만나면 엄청난 저력을 발휘하는 민족이라고 설명하는데 머뭇거리지 않는다.

세계의 다목적 댐을 건설, 관리하는 지도자들이 연례행사로 모이는 국제 대(큰)댐 회의에 나는 올해도 한국수석대표로 참석했었다. 나는 이번 회의에서 올림픽을 계기로 달라진 한국의 위상을 피부로 느끼고 놀라지 않을 수 없었다. 무엇보다 각국대표들이 우리 대표단을 대하는 태도가 달라졌다. 전례없이 무언가 우리와 교류를 제의하는가 하면 한국의 발전상을 직접보기위해 꼭 한번 방문하고 싶다고 말하기도 했다. 국제회의를 다녀오면서 나는 비행기 안에서 갑자기 달라진 우리나라의 국격 상승에 뿌듯한 기분을 느끼면서 과연 그 기적의 원동력은 무엇일까 곰곰이 생각해보았다.

무엇보다 먼저 우리는 세계 어느 나라에서도 찾아볼 수 없는 높은 교육열과 그 결과로 질 높은 우수한 인력을 확보할 수 있었던 것에서 온 것이 아닌가 하는 생각이 들었다. 지정학적으로 4대강국에 둘러싸인 불리한 여건에다 좁은 국토에 인구는 많고 자원이라고는 사람밖에 없는 나라가 아닌가. 그러나 밥은 굶으면서도 자녀를 가르치는 우리의 교육열은 세계 어느 나라에서도 찾아볼 수 없는 우리만의 특징이다. 이 고도로 숙련된 인력이 앞선 선진국의 기술과 정보를 받아들이고 자본을 유치해서 단 시간 안에 산업화를 실현했기 때문이다. 여기에 사계절이 뚜렷한 기후와 찬란한 전통문화와 근면, 성실한 민족성 등이 이를 뒷받침해서 이룩된 결과라 생각된다.

이제는 세계가 놀란 한강의 경제적 기적과 서울 올림픽에서 보여준 우리민족의 저력을 바탕으로 우리가 선진국 진입이라는 목표를 향해 한 번 더 뛴다면 우리는 멀지 않아 우리의 꿈을 실현할 수 있을 것으로 확신한다. 사회지도층이 앞장서서 솔선수범하고 다시 '한번 해보자'하는 분위기를 조성, 우리의 무한한 잠재력을 밖으로 끌어낸다면 세계가 경악하는 기적을 창조할 수 있을 것이다. 우리민족은 특유의 신명을 지닌 민족이다. 사물놀이 장단에 어깨를 들썩이는 우리민족은 신명이 나면 월드컵에서 단숨에 세계4강에 진입할 수 있는 기적을 창조했던 신바람의 민족이다.

한번 신바람이 불기 시작하면 이를 주체하지 못한다. 물, 불을 가리지 않는다. 끝장을 본다. 이 땅에 신바람을 불게 하자. 선진국으로 도약하자. 그래서 정말 세계를 놀라게 하자.

(1992년 10월 14일 수, 대전매일)

19
민족의 저력을 발휘하여 세계중심국으로 도약하자!

50년 후 한국은 지금의 미국처럼 세계를 주름잡는 중심국가가 되리라 확신한다. 우리는 한때 세계 제2의 경제대국 일본을 가르쳤던 나라가 아닌가. 우리의 미래예측은 결코 허황된 꿈이 아니라고 생각한다. 지금 우리 민족은 유럽 선진국들이 300년 동안에 이룩해낸 민주화와 경제발전을 불과 30년 만에 실현해 낸 실적을 가지고 있지 않은가. 우리는 한 끼 밥을 걱정하는 최빈국에다 6·25 전쟁의 폐허에서 세계가 경악하는 경제발전의 기적을 최단 시일 내 창조해 냈다.

이러한 우리민족의 저력에다 시대적 호기가 우리민족에게 다가오고 있음을 피부로 직감하고 있는 시점이다. 세계사의 흐름을 보아도 지리적으로 우리나라와 위도를 같이하고 있는 나라들이 거의 한 번씩은 세계사를 주름잡았다. 우리와 입지가 거의 비슷하고 국토면적과 인구가 유사한 이태리에 자리 잡았던 로마가 대표적인 나라이다.

일찍이 중국이 세계를 지배한 것을 시작으로 페르시아, 터키, 그리스, 로마, 스페인, 영국, 미국을 거쳐 현재 그 기운은 일본을 거쳐 한반도에 와있다. 그러기에 시간적으로 50년 후에는 한국이 세계의 경제, 군사, 기술 중심 국가로서 세계를 호령할 것은 당연하다.

우리나라의 국운이 때에 이르렀고 세계사의 흐름이 이러한 역사의 순리를 막을 수 없기 때문이다. 우리나라는 인구, 국토면적, 위치 등 모든 면에서 50년 후에 세계 속의 주역이 될 수 있는 가장 적정한 규모의 국가이기 때문이다. 더구나 우리민족은 세계에서 찾아볼 수 없을 정도로 말, 글, 한 피를 나눈 민족이기 때문에 응집력이 강한 장점을 지니고 있다.

우리는 또한 정신적으로 세계를 지도하는 국가로 군림할 것으로 예상된다. 50년 후 미국, 유럽, 일본을 비롯한 선진국의 청소년들은 물질만능주의에 빠져 종교는 간 데 없고 정신적 공허감으로 마약, 폭력, 범죄 등으로 도덕적 타락이 심화될 것으로 전망된다. 이들과는 달리 우리나라의 청소년들은 종교적 근저가 이들의 정신세계를 뒷받침하고 있기 때문에 앞으로 우리 청소년들이 이 나라를 이끌어갈 50년 후에는 한국이 바티칸이나 메카처럼 모든 종교의 정신적 센터가 될 것이다.

우리민족은 원초부터 종교 지향적인 신성한 민족이다. 순결을 상징하는 흰색 옷을 즐겨 입고 말에서부터 절대신(絕對神), "하나님" 또는 "하늘님"을 만장일치로 받아들인 유일한 민족이다. 현재 우리나라처럼 종교에 대한 열정이 강하고 모든 종교가 평화공존하는 나라는 세계에서 그 유례를 찾아볼 수 없다. 종교가 처음 발상 했던 나라에서조차 우리 나라에 와서 영적 체험을 받고 돌아가는 사례가 허다하다.

따라서 50년 후 한국은 모든 종교의 성지로서 정신세계를 지도하는 센터로서의 역할을 담당하게 된다. 지금의 국운이 그대로 계속된다면 50년 후에는 한국이 세계의 중심국가로서 세계를 호령하는 날이 오리라 기대해본다.

무엇보다 국운이 때에 이르렀다는 느낌이 든다. 언제 우리가 IT강국이 되리라 상상이나 해보았나. 곳곳에서 기적 같은 일들이 일어나고 있으니 말이다. 우리나라는 인구, 국토 면적, 위치 등 모든 면에서 21세기에는 세계의 강국이 될 수 있는 여건을 구비한 가장 적정한 규모의 국가이다.

과거 산업사회나 냉전시대에는 물리적으로 인구 국토 등 덩치의 경쟁이었다. 덩치를 구비한 큰 나라 미국, 러시아 등이 세계를 지배했었다.

그러나 지금은 지식정보화사회이다. 덩치가 문제가 아니다. 오히려 기동력 있는 적정한 규모의 국가가 훨씬 유리하다. 지식정보화사회에서는 창의력이라고 할 수 있는 융통성이 매우 중요하다. 다행히 우리민족에게는 세계 어느 민족도 모방할 수 없는 특유의 융

통성을 지니고 있다. 우리의 의, 식, 주와 말에는 놀라운 융통성이 함축되어 있다

우리말에는 외국인들이 들으면 정말 이해할 수 없는 말들이 있다, 예컨대 술집에 가서 웨이터에게 "맥주 두서너 병 가져오시오"라고 주문한다. 분명 두병도 아니고 세병도 아니다. 그러나 웨이터는 분위기를 보고 절대로 실수없이 적당한 양의 술을 가져온다. 외국인들이 보면 기절할 일이다. 더욱 심한 표현은 종업원에게 "알아서 가져오라"고 한다. 그러나 결과에는 별 착오가 없기 마련이다.

우리의 의복을 보자. 한복에는 치수가 필요없다. 대, 중, 소로 나누어 대충 만들어내면 누구에게나 다 맞는다. 세계 어느 나라 옷이 이렇게 융통성이 있겠나. 우리의 주거인 초가집의 문은 적당히 만들어서 문종이를 붙이고 생활한다. 문틈사이로 바람이 들어오면 문풍지라는 기발한 방풍막을 바른다. 이러한 우리의 주거, 복식, 말에 녹아있는 여유와 융통성이 지식정보화시대에 우리나라를 IT강국으로 끌어 올린 것이다. 또한 현재의 정보화, 지식사회를 한 단계 뛰어넘는 고도정보화사회에서는 이러한 여유와 융통성있는 사고가 기발한 아이디어를 창출하는 원천이 되기 때문에 세계를 지배하는 원동력이 될 수 있는 것이다.

솔직히 "적당"이라는 말이 통하는 한국은 하드웨어 위주의 산업사회에서는 외국과의 경쟁에서 살아남을 수 없었다. 그러나 창의라는 융통성이 더 값진 지식정보화사회에서는 애기가 달라진다. 무한한 융통성의 나라, 한국이 세계를 지배할 날이 반드시 오리라

생각한다. 그 때는 세계의 모든 전문가들이 우리나라를 배우기 위해 서울행 비행기를 타느라 법석을 떨 것으로 예상된다.

(1998년 8월 14일 금, 매일경제)

20

융통성, 교육열, 최고주의,
신바람을 지닌 나라

한국의 시대가 온다

세계사의 흐름으로 볼 때, 21세기는 반드시 한국의 시대가 올 수밖에 없다. 역사적으로 세계사의 흐름을 볼 때 세계의 주역은 중국을 스타트로 하여 서쪽으로 이동, 그리스, 로마, 영국, 미국, 일본을 거쳐 흘러 왔다. 그러므로 필연적으로 다음 차례는 한국이 세계사를 주도하게 되어 있다는 것이다. 물론 세계사의 흐름이 이러할지라도 과거의 하드웨어 중심의 산업사회였다면 한국이 주역이 될 가능성은 소설 같은 이야기에 불과할지도 모른다.

실제로 지금은 국제사회에서 미국이 정치, 일본이 경제적으로 초법적인 국제적 지위를 누리고 있다. 그러나 우리 민족이 가진 독특한 민족성과 정신세계, 무한한 잠재력을 감안한다면 지식과 정보가 주도하는 지식정보화사회, 즉 소프트웨어 시대에는 한국이 세계사의 중심에 설 가능성은 충분히 있다.

첫째는 무엇보다 먼저 우리 민족이 가진 독특한 융통성이다. 우리나라의 복식문화를 보면 한복에는 치수가 없다. 적당한 크기로 만들면 누구나 입을 수가 있다. 음식도 국물이 반드시 들어가는 탕반류와 막걸리가 주류를 이룬다. RSVP제도가 없는 한국사회에서는 잔치에 손님을 초대할 때 내방객 수를 예측한다는 것은 거의 불가능하다. 서양처럼 사람 수를 정확하게 계산해서 준비하는 케이스와는 달리 우리는 전혀 구애받지 않는다. 예상보다 손님이 더 오게 되면 국밥에, 막걸리에 물만 조금 더 부으면 거뜬하게 손님을 치를 수 있다. 한옥에 문짝을 달고도 틈새를 막기 위해 문풍지를 붙이는 이런 우리의 여유와 융통성은 소프트웨어 시대에 큰 경쟁력이라 할 수 있다.

둘째로 엄청난 교육열과 이에 따른 교육에의 투자이다. 우리나라에는 예로부터 맹모삼천지교라는 말도 있다. 우리나라 부모들은 밥을 굶으면서도 자식은 교육을 시킨다. 부모들의 교육열은 어느 나라와도 비교가 되지 않는다. 아마도 수입의 절반 이상을 사교육비에 쏟아 붓는 나라는 우리밖에 없을 것이다. 지식정보화사회에서는 교육이야말로 우리나라가 가진 가장 무서운 무기이다. 실제로 우리나라가 외국이 놀라는 한강의 기적을 창조할 수 있었던 것도 교육을 통한 우수한 인재들을 양성했기 때문이다.

셋째로 우리민족 특유의 빨리 빨리 문화이다. 물론 여기에는 많은 부작용도 있었다. 서두르다 보니 다리가 무너지고, 백화점이 내려앉는 등 우리는 국제적인 망신을 당하는 대형사건, 사고를 많이 쳤다. 피해 국민들에게는 지울 수 없는 큰 아픔과 상처를 남기기도 했다. 그러나 과연 우리가 서양처럼 매사를 교과서대로, 매뉴얼대로, 원칙대로만 처리했다면 과연 서양이 300년 동안에 이룩한 산업화라는 거창한 작업을 불과 30년이라는 짧은 시간동안에 창조해낼 수 있었겠는가, 어떻게 이 조그만 나라에서 올림픽을 유치할 수 있었을까. 빨리 빨리는 우리의 큰 단점이기도 하지만 이런 속도전이야말로 오늘의 한국을 있게 한 원동력이었다. 따라서 이제는 이러한 빨리 빨리 정신에 정확성만 가미된다면 스피드가 생명인 오늘날의 지식정보화사회에서 세계의 선두주자가 되는 것은 어려운 일이 아닐 것이다.

넷째 우리 민족이 가진 "최고주의"를 주목할 필요가 있다. 우리는 상품을 구매할 때 최고급품이 아니면 물건으로 생각하지 않는다. 이른바 명품이라야 대접을 받는다. 소득이나 사회적 지위와는 별 관계가 없다. 무조건 최고급품만 선호한다. 때문에 우리 국민의 상품선호도를 보면 완전히 상향평준화되어 있다. 외국의 경우, 소비자들은 상품을 선택할 때 자신의 소득수준을 가장 먼저 고려한 뒤 합리적으로 구매하는 것이 보통이다. 남들이 산다고, 명품이라고 사는 것이 아니다. 그러나 우리는 담배 소비패턴 하나만 보더라도 소득에 관계없이 거의 모두가 최고급 담배를 피운다. 소득이 따라가지 않는데도 무리를 해서라도 최고급품을 구입하기 때문에 파산하는 가정도 많다.

물론 이러한 우리 국민의 소비행태를 부정적으로 보면 심각한 사회문제일 수도 있다. 그러나 이러한 국민성을 긍정적인 측면으로 접근해보면 엄청난 가능성이 숨겨져 있다. 국민 모두가 명품을 선호하고 최고급 상품을 사용해본 경험이 있기 때문에 고급품의 장단점을 잘 안다. 보지도 써보지도 못하고는 명품을 만들 수 없다. 그러나 우리국민은 세계적인 명품을 써봤고 보아서 알고 있으니, 누구나 세계시장을 석권할 수 있는 명품을 만들 수 있는 잠재력을 지니게 된 것이다.

다섯째 우리 민족은 어느 나라도 갖지 않은 신바람이라는 독특한 정신세계를 가지고 있다. 일에나 운동경기에서 한번 신바람이 났다 하면 세계 어느 나라도 감히 대적하지 못할 정도의 초인적인 힘을 발휘한다. 이웃 일본의 축구수준이 급격히 향상된 것은 사실이지만 축구 종주국인 영국이나 브라질을 꺾기는 어렵다. 그러나 한국 축구팀은 신바람이 났다고 하면 브라질 축구도 거뜬하게 꺾는 저력을 발휘한다. 하지만 신바람이 사그라지면 약체 태국이나 베트남 팀에게도 처참하게 지고 마는 특이한 민족성을 가지고 있다. 그런데 이 신바람은 우리사회의 지도자들이 앞장서야 밀어붙여야 일어나는 묘한 바람이다. 민초들로부터 시작되는 것이 아니다.

따라서 우리사회의 지도자들이 솔선수범하면서 국민들에게 기분 좋게 판을 벌여 주면 신바람은 일어난다. 우리 민족만이 가진 몇 가지 독특한 장점을 잘 가꾸고 살려 나간다면 우리나라가 세계의 중심에 우뚝 서는 날이 곧 오리라 믿는다.

(1998. 8. 14. 매일경제)

21

고향을 묻지 마라

　근본적으로 지역감정을 없애는 묘책은 없다. 세계 어느 나라나 정도의 차이는 있지만 지역감정이 존재하고 있기 때문에 각 나라들은 국민총화를 위해 지역 때문에 발생하는 문제로 고민하고 있다. 우리사회에도 눈에 보이지 않게 출신지역으로 인해 사회생활에 다소의 지장을 받는 경우가 있는 것이 사실이다.

　안목을 좀 넓혀 생각해보자. 스페인의 경우 북쪽의 바르셀로나나 남쪽의 안다루시아는 스페인민족과는 인종이 다르고 한때 독립국가였지만 지금은 한 나라로 살아가고 있다. 이웃 중국은 56개 민족이 모여 사는 나라가 아닌가. 지역감정을 논하고 있는 우리가 살고 있는 한반도의 크기는 서해로 이웃하고 있는 중국 산동성의 절반도 안 된다. 인구는 무려 1억을 넘는다. 이 좁은 땅덩어리에서 지역을 놓고 도토리 키재기식으로 편을 가른다는 것이 얼마나 우스운 일인가. 먼저 정치, 경제 분야의 지도자들이 솔선해서 지역감정 해소에 앞장서야 한다. 가장 시급한 것이 사람을 채용할 때 지역보다는 그 사람의 능력위주로 선발해야 할 것이다. 각계지도층들이 공정과 정직을 바탕으로 페어플레이를 실천 한다면, 지역감정은 서서히 살아지게 될 것이라 믿는다. 정치·경제·사회·문화 모든 분야에서 교과서적 원칙에 따라 페어플레이를 한다면 고향을 앞세운 망국적 불공정은 줄어들 것이다.

지역감정은 능력과 관계없이 참여에 대한 기회균등이 박탈되거나 분배과정에 소외되는데 대한 불만에서 싹튼다. 우리사회에서 특히 채용, 인사 등 분야에서 누가 보아도 공감이 가는 원칙에 바탕을 두고 모든 일이 이루어지면 혈연, 지연, 학연 때문에 손해를 보았다고 주장하는 사람은 없어지게 될 것이다.

지역감정 해소는 우리사회의 각계각층이 동참하지 않는 한 성공하기 어렵다. 특히 밑으로부터가 아니라 사회지도층인 위로부터 솔선해서 앞장서야 성공할 수 있다. 우리 민족은 목축을 위해 수시로 이동하는 서양민족과 달리 한 곳에 정착해서 농사를 짓는 정주성(定住性) 민족이다. 때문에 한나라라는 울타리에서 살면서도 교통이 발달하지 않았던 시대에는 성씨가 다르고 지역이 떨어진 곳에 사는 사람들과 접촉할 기회가 드물었다. 서양사람들은 생활자체가 늘 이동하면서 생김새와 생활방식이 다른 사람들과 수시로 접촉, 서로 다름을 인정하면서 더불어 살아가는 방법을 오래전부터 익혀왔다. 이와는달리 우리는 전통적으로 농경사회에다 접근성이 좋은 평지가 거의 없고 험준한 산으로 경계가 지어진 촌락중심의 지역사회를 형성, 이동이 거의없는 정주 생활을 해왔기 때문에 지연 혈연 학연이 특별히 강한 민족이다. 이로 인해 극단적으로 다른 지방 사람에 대해서는 배타성을 보이기까지 한다.

천안 독립기념관에 가면 독립운동가 고당 조만식 선생의 의미 있는 글귀가 걸려있다. 그 글 첫머리에 "우리나라가 독립을 하려면 먼저 독립 운동가들이 단결해야 한다"고 역설하고 이를 위해서는 "고향을 묻지 말라"고 했다.

자연의 섭리로 우연히 태어난 고향 때문에 누구라도 덕을 보거나 손해를 입는 일이 있다면 우리 모두에게 불행한 일이다. 앞으로 이 작은 한반도에서 공평하게 더불어 살아가려면 매스컴이나 공식 문서에서 가능하면 고향을 거론하지 않는 것도 한 방법이라 생각된다.

(1987년 11월, 월간 조선)

22

기초부터 다시 시작하자!

석촌유치원 10년을 맞이하여~

우리나라는 강대국에 둘러싸인 지정학적 위치 때문에 역사적으로 수많은 외침을 받았었다. 비공식집계로는 5천년 동안에 무려 880여회의 전쟁과 내란을 겪었다고 한다. 전쟁과 내란으로 이어지는 삶속에서 우리가 모르는 사이에 매사를 단기적으로 승부하려는 민족성이 생겨난 것 같다. 어떤 계획을 세울 때 내일이나 백년대계를 생각하는 미래에 비전을 두고 설계하는 것이 아니라 지금 당장이나 오늘에 집착한다. 전략적 사고에 바탕을 두고 일에 착수하기보다는 조급증에 사로잡혀 눈앞에 보이는 면에만 집착해서 일을 처리하는 경향이 있다.

매사에 바탕이 되는 기초적인 것은 무시되기 일쑤다. 상식은 뒷전이다. 결과만 좋으면 과정이야 어떻든 용서된다. 지금 당장이 중요하기 때문에 어제를 반추해 볼 여유는 아예 없고 내일을 생각할 겨를이 없다.

그러기에 미래에 백년대계를 위한 기초를 튼튼히 하는 원초적인 일에는 누구도 관심을 쏟지 않는다. 관이나 민간부분 할것없이 지금 눈에 보이는 가시적인 것, 생색이 나는 일에만 앞장서고 있다. 자기 임기 중에 무언가 실적을 남겨야하겠다는 생각뿐이다. 지금 당장에는 눈에 보이지 않아도 100년 후 평가받을 수 있는 정책, 건물, 시설물을 만드는 인물이 나타나야 할 시점이다.

일제식민지 통치를 겪는 동안 우리는 일제에 반항하는 표시로 문책당하지 않을 정도로 일만 하면 된다는 생각이 지금도 우리사고에 뿌리내리고 있는 것이 아닌가 하는 생각이 든다.

단적인 예로 국가백년 대계의 기초인 교육과 우리사회의 인프라인 각종건설공사에서도 기초적이고 상식적인 일이 소홀하게 다루어지고 있다.

최근에 일어난 각종 건설공사장에서 일어난 대형 사고의 원인을 따져보면 기술이나 시공능력 부족 때문에 발생한 것이 아니고, 거의 대부분이 기초를 부실하게 한대서 연유된 것이었다. 영국 런던의 지하철, 프랑스 파리의 하수도는 100년 이상의 세월이 흘렀지만 아직도 건재하다. 뿐만 아니라 관광자원으로서 단단히 한몫을 하고 있다. 이것은 바로 기초를 완벽하게 했기 때문이다.

천리길도 한걸음부터라는 속담처럼 기초부터 완벽하게 출발해야 결과도 훌륭하게 나타나는 것이다. 유치원부터 시작되는 기초

교육부터 완벽하게 다지지 않으면 그 후 상위의 교육은 물론 개인과 국가의 발전도 기대할 수 없다.

우리사회의 기초가 얼마나 잘못되어 있는가를 볼 수 있는 몇 가지 사례를 소개하면 그 대표적인 예가 바로 우리의 도로 표지판이다.

서울은 물론 전국 어디에서나 표지판만 보고 운전하거나 따라가다 보면 엉뚱한 곳으로 안내되는 경우가 허다하다. 그 뿐인가. 표지판에 쓰여진 외국어표기는 우리국민은 물론 외국관광객이 전혀 알아 볼 수 없는 글자로 되어있어도 어느 부처 하나가 앞장서서 고칠 생각도 하지 않고 있는 실정이다. 세계 10위의 경제대국의 수치다. 관광한국에 먹칠을 하는 일이다.

국가계획수립의 원천이요 기초인 우리나라의 통계숫자는 어떤가. 정말 진실한가. 가장 허술하다는 농업통계는 말할 것도 없고, 수자원 분야의 통계도 한심한 수준이다. 우리국민의 1일 물 사용량만 해도 건교부와 환경부의 통계가 다르다. 정책입안자는 어느 것을 기준으로 나라의 계획을 세워야 할 지 당황할 때가 한 두 번이 아니다.

이런 기초적인 통계자료는 작성하는데 결코 어렵거나 힘이 드는 일이 아니다. 다만 공직자들의 정성과 자세가 문제다. 기초를 튼튼히 하는 작업은 일본이 우리보다 몇 수 위다. 그들이 머리도 우수하고 대단해서가 아니다. 자기 일에 사명감을 가지고 최선을 다하기 때문이다. 오래전에 일본의 댐건설현장 물고기가 다니는 길인

어도(魚道)에서 하류에서 상류로 올라오는 고기의 종류와 수를 조사하는 과정을 참관할 수 있는 기회를 가졌다. 직원 두 명씩 24시간 교대하면서 계산기로 물고기의 이동을 조사하는 모습을 보고 놀라지 않을 수 없었다.

우리의 경우는 어떤가. 직원이 한 두 시간 조사해보고는 아르바이트 학생에게 맡기거나 아니면 2시간×12해서 결론을 내리고 만다. 물고기의 이동은 낮과 밤, 온도, 시간대에 따라 어류의 종류와 이동이 다르다. 그런데 2시간 조사한 것으로 결론을 내고 이를 바탕으로 공사를 하면 제대로 공사가 되겠는가. 결과는 뻔한 일이다. 일본사람들은 이런 기초적이고 작은 일에 철저했다. 그래서 지난날에 우리가 일본에게 당한 것이다. 이런 통계를 작성하는 작업은 귀찮고 따분한 일이기도하다. 그러나 이 기초야말로 모든 일의 시작이요 완성이다.

기초가 잘못된 교육, 기초가 부실한 각종공사, 기초적 체력이 구비되지 않은 국민 이런 것들이 장기적으로 우리나라의 장래와 발전을 가로막는 장애요소이다. 기초의 중요성을 강조하는 사람은 많다. 그러나 기초를 바르게 세우기 위해 실천에 옮기는 사람은 보기 드물다.

이러한 시기에 우리사회 기초의 원천인 어린이 교육에 헌신하는 사람이 있으니 다행한 일이다. 대학에서 사제지간으로 인연을 맺었던 정영호원장. 그는 우리사회에서 현재 가장 시급한 과제의 하나인 어린이 교육의 중요성을 누구보다 절박하게 느낀 분이다. 그는 평소 항상 어린 새싹에 대한 참다운 교육이 중요하다고 강조해 왔다. 그래서 그는 유치원 교육에 노후를 바치기로 결심을 했던 것이다. 정말 장한 일이다.

남은 여생을 개인의 명예나 수익보다는 우리나라의 희망인 어린이를 위한 사회봉사로 나선데 대해 찬사와 격려를 보낸다. 다정하고 조용하면서도 맡은 일에는 무서운 열정을 보이는 정원장이기에 그에게 거는 기대가 크다.

교육은 국가의 백년대계이고 그 교육의 출발이 어린새싹에 대한 교육이라는 사실을 생각할 때 정원장의 책무도 무거우리라 생각된다. 이 나라 교육의 기초를 다지기 위해 어린이교육에 헌신하는 정원장의 앞날에 건승과 석촌 유치원의 무궁한 발전을 기원한다.

(1994, 3, 석촌, 석촌유치원)

23
금강산관광을 통해 본 남북한 비교

　2007년 초가을 금강산관광을 다녀왔다, 휴전선을 넘어 북으로 들어가면서 남과 북이 현저하게 다른 몇 가지를 발견할 수 있었다. 우선 북한의 산에는 거의 나무 한그루 없는 민둥산이었다. 금강산 경내에는 관광지라 그런지 산림이 잘 보존되어 있었다. 그 밖의 산들은 해방당시의 우리나라처럼 나무와 숲 대신 잡풀만 자라고 있었다. 남쪽과는 달리 연료로 석유나 가스, 연탄이 공급 안 되는 상황에서 산의 나무는 화목으로 베어질 수밖에 없을 것이다.

　북녘의 하천도 남쪽과 너무나 달랐다. 금강산주변 강의 바닥은 제방 높이와 거의 비슷했다. 나무와 숲이 없는 산에서 우기 때 빗물과 함께 흘러내려온 자갈과 모래가 강바닥에 쌓여 강바닥과 제방의 높이가 구별이 안 될 정도였다. 산에 나무가 없고 하상이 높으니 강에는 빗물을 저장할 수 있는 여유 공간이 없었다. 강은 빗물을 저장하기에는 그릇이 너무 작아 강으로서의 기능을 상실한 상태였다. 때문에 우기에는 가벼운 홍수에도 강물이 범람해서 농경지를 황폐화시키고 건기에는 산과 숲에 저장된 물이 없기 때문에 가뭄이 찾아오는 홍수와 한발의 악순환이 반복될 수밖에 없는 구조였다.

벼가 자라고 있는 논도 우리와는 대조적이었다. 남쪽의 논은 벼포기의 키가 어른 가슴 높이 만큼 자라 벼이삭이 고개를 푹 숙이고 있었는데 북쪽의 벼는 성인 무르팍 높이였다. 벼가 제대로 자라지 못해서인지 논바닥이 훤히 들여다 보이고 벼이삭은 작은 키에 하늘을 향해 빳빳이 쳐다보고 있었다.

어림으로 추산해 봐도 수확량의 차이는 4대 1정도 이상 될 것으로 생각되었다. 북한은 농토의 절대면적이 좁은 데다 물난리와 가뭄이 번갈아 반복되는 상황에서 양곡 수확량마저 이 지경이니 해마다 식량부족문제가 일어나는 것은 당연한 것이라는 생각이 들었다.

밭작물도 남과 북이 상당한 차이가 있었다. 메밀밭과 감자밭을 유심히 관찰해 보았다. 남쪽의 메밀은 어른이 그 속에 숨어도 보이지 않을 정도로 키가 자라있었다. 반대로 북쪽의 메밀은 난쟁이처럼 땅에 붙어있었다. 감자밭도 남쪽은 잡초를 찾아볼 수 없을 만큼 깨끗하게 관리되고 있었는데 북쪽의 감자밭은 잡풀과 감자넝쿨이 뒤엉켜 있는 잡초 밭이었다.

무엇보다 나를 놀라게 한 것은 금강산 근처에 주둔하고 있는 북한군부대의 군인들이 군복을 벗고 런닝 셔츠만 입은 채 부대근처 풀밭에서 염소몰이를 하고 있는 모습이었다. 아마도 부족한 식량을 보충하기위해 부대단위로 염소를 키워 고기와 젓을 조달하는 자급자족활동의 일환이 아닌가 하는 생각이 들었다.

왜, 무엇이 불과 반세기만에 이렇게 남북한의 경제적 격차를 벌려놓게 한 것인가?.

우리가 일본으로부터 해방되었을 때 남북한의 산업화수준은 하늘과 땅차이었다. 당시 북한은 80만KWHR의 수풍발전소, 이 밖에 장진강, 부전강수력발전소, 승호리시멘트공장, 대유동 금광, 무산 제철소, 흥남질소비료공장 등 이른바 첨단공업시설을 보유한 선진 공업지역이었다. 특히 당시 흥남 질소비료공장은 일본 본토에 있는 공장보다 앞선 아시아 제1의 첨단공장이었다.

이에 반해 남한은 공업시설은 고사하고 전력 하나도 제대로 자급자족 못하는 초라한 농업 국가였다. 당시 남쪽의 유일한 공업시설은 대구의 방직공장을 필두로 양조장, 정미소 정도가 첨단산업에 해당하는 것이었다. 때문에 북한은 1972년까지 남한보다 경제적으로 훨씬 잘 살았다. 그러나 군사혁명이 일어나고 박정희대통령이 공업화정책과 수풀드라이브를 강력하게 추진하면서 1972년부터 남북한의 경제상황은 역전되기 시작했다.

그 근본적인 원인은 북쪽이 공산주의 사상을 고수했는데 반해 우리는 인센티브가 핵심이 되는 '자유민주주의'라는 체제를 채택했기 때문이었다. 여기에 박정희라는 훌륭한 선각자가 나타나 자유민주주의 체제의 우월성을 바탕으로 조국근대화와 경제개발을 밀어 붙인 결과이다.

오늘날 남북한 간에 현격한 경제적 격차가 발생한 것은 북한체제에는 백성들이 '반응할 인센티브'가 없었기 때문이다. 인센티브는 인간을 정신없이 뛰게 한다. 인센티브가 없는 사회, 기회의 균등이 아닌 결과의 균등을 지향하는 사회에서 누가 무엇 때문에 죽기 살기로 뛰겠는가?.

인간에게서 인센티브를 빼앗아 버리면 필요한 만큼 이상 움직이지 않는다. 열심히 일한 사람과 적당히 시간을 땐 사람이 똑같은 대우를 받는 사회. 지금도 북한당국은 주민들에게 인센티브를 부여하지 않고 있다. 이 체제가 이대로 계속된다면 백성들을 먹여 살릴 수 있는 경제발전은 기대하기 어려울 것이다. 북한도 한때는 극히 일부분이자만 인센티브제도를 시험해본 사례가 있다. 공동작업장이 아닌 개인에게 나누어 준 작은 텃밭의 작물이 협동농장의 작황을 뛰어넘는 생산량을 보인 사례가 그것이다.

인센티브 없는 공동작업장인 논밭의 소출이 엉망이었는데 반해 개인 소유의 텃밭의 채소는 무성하게 자랐다고 한다.

남북한의 경제적 격차발생의 또 하나의 이유는 북한에는 '경제학'이 없었기 때문이다. 흔히 경제학을 두 문장으로 줄여서 정의하면 '세상에 공짜 점심은 없다', '인간은 인센티브에 반응 한다'로 요약할 수 있다. 바로 지금 북한체제 내에는 곳곳에 공짜 점심이 존재하고 반응할 인센티브가 존재하지 않는다.

북한은 사회전반에 인센티브를 박탈해버렸다. 인간에게서 인센티브를 빼앗아 버리면 절대로 필요이상 움직이지 않는다. 최소한 필요한 의무량만큼 만 움직이기 마련이다. 그들은 지금도 인센티브대신 애국심에 호소하고, 사상무장, 독전대 등으로 생산을 독려하고 있으나 인간의 마음을 움직이지 못하는 이런 수단으로는 한계가 있기 마련이다. 북한은 이 시점에서 과거 월남에서 일어났던 기적 같은 역사적 사실을 참고해야 할 것으로 생각된다.

1999년 월남 전역의 운송체계가 마비되는 사건이 발생했다. 당시 월남은 공산체제에다 전국화물운송을 담당하는 트럭은 모두 구소련제 트럭이었는데 기사들이 제때에 정비를 하지 않아서 어느 날 갑자기 전국의 트럭이 일시에 멈춰버렸다. 전국의 물류가 마비되고 만 것이다. 정부는 모든 수단 방법을 총동원해서 위기를 극복하려고 시도했으나 실패했다. 그런데 천신만고 끝에 정부가 트럭기사들에게 트럭의 개인소유권을 허용하겠다는 특단의 대책을 발표했다. 그랬더니 다음 날부터 기적처럼 트럭이 움직이기 시작했고 며칠 사이에 전국의 물류가 정상화되었다고 한다. 인센티브가 인간의 마음을 움직여 국가적 위기를 짧은 시간에 거뜬히 극복해 낸 모범적인 사례라 하겠다.

(2007. 7. 20)

24

행정수도이전에 고려해야 할 사항들

　새 정부는 출범 후 내년 상반기 중에 충청권에 새 행정수도건설 예정지를 지정하고 2007년 상반기에 부지조성공사에 착수하기로 하는 등 행정수도이전 일정을 발표했다. 한 관계자는 행정수도이전은 결코 선거 전략용이 아니었다고 주장하면서 앞으로 추진이 미뤄지거나 다른 방향으로 갈 성질의 것이 아니라며 강행의지를 밝혔다. 현재 우리나라의 수도권집중현상은 확실히 순기능보다 역기능이 많은 것이 사실이다. 우선 수도권과 지방과의 소득과 고용기회의 격차, 고급두뇌의 수도권집중, 지가폭등으로 인한 기업의 원가부담과 서민들의 내 집 마련기회의 박탈, 고지가에 따른 금융대출의 편중심화, 공해와 교통 혼잡으로 인한 주민들의 쾌적한 생활저해, 이런 요인들 때문에 외국기업들이 한국에 진출하는데도 장애요인이 되고 있다.

그러나 한편으로는 모든 것이 수도권 한 곳에 집적되어 있는 클러스터 때문에 기업으로서는 업무추진을 가속화시키는 대면(對面) 커뮤니케이션이 가능하고 업무효율을 높이는데 효과적이다. 사회적으로나 행정적으로는 사람과 물자의 이동과 물류코스트가 최소화되고 다양한 정보와 행정서비스를 제공받을 수 있는 장점이 있다. 앞에 '행정'이라 단어가 한자 추가되었지만 수도이전은 정말 국가적인 대사의 하나이다. 때문에 계획수립과 그 시행과정에서 작은 실수도 국가의 위상과 정치 경제 사회에 치명적인 타격을 줄 수 있으므로 신중에 신중을 기해서 완벽하게 추진되어야 한다.

이 행정수도이전 계획은 새 정부의 추진의지가 확고한 것으로 보아 계획대로 추진될 것으로 예상된다. 필자는 여기서 행정수도 이전 추진에 즈음하여 반드시 천명하고 고려해야 할 몇 가지 문제점들을 제시하고자 한다.

첫째, 행정수도 이전의 목적을 분명히 밝혀야 한다. 1970년대 말 박정희 대통령이 최초로 제시했던 행정수도 건설 안은 남북한이 군사적으로 첨예하게 대결하고 있던 상황에서 국가를 보위하기 위한 안보적 차원으로 출발했었다. 부수적으로 수도권과밀해소와 지방의 균형적인 발전을 위한 것이었다. 때문에 당시 설계에서는 지금과는 달리 사법부와 입법부도 함께 옮기는 것으로 되어 있었다. 그렇다면 새 정부의 계획은 행정수도이전의 주목적이 수도권에 모든 것이 몰려있는 일극집중현상을 해소하고 지역균형개발을 위한 것인지 아니면 또 다른 목적이 있는지 명백히 해야 한다. 만약 지역균형발전을 위한 것이 목적이라면 수도를 이전하는 거창한 국가적 프로젝트가 아니더라도 대안이 얼마든지 있기 때문이다. 또한 행정수도 이전은 문자 그대로 대통령을 비롯한 "행정부"만 이전하는지 입법부와 사법부도 함께 가는지 확실하지 않다. 그리고 이전 대상에 입법, 행정, 사법 3부가 모두 포함되어 있다면 이를 동시에, 또는 단계적으로 이전할 것인지도 검토해야 한다.

우리나라는 유럽 국가들이나 일본과는 달리 모든 권력이 대통령에게 집중되어있는 철저한 대통령중심제 국가이다. 솔직히 우리나라의 경우 경제가 정치에 종속되어 있다고 해도 과언이 아니다. 때문에 일시에 권력중심이 새 수도로 이동하게 되면 경제의 주체들도 생존을 위해 대통령을 뒤따라가지 않을 수 없다. 이럴 경우 기존의 서울은 부동산가격이 급락하는 등 심각한 상황이 벌어질 것이다. 서울은 이른바 공동화현상이 일어날 것이다. 만약 새 정부의 수도이전계획이 3부를 동시에 새 수도로 이전하는 계획이라면 권력, 기업, 사람이 새 수도로 옮겨갈 수 밖에 없다. 이 경우 새 수도로부터 또 하나의 서울이 탄생하게 되고 모든 것이 몰려가 일극집중현상이 심화될 것이다.

둘째, 외국의 수도이전사례를 철저히 연구해서 참고해야 할 것이다.

브라질의 브라질리아, 호주의 칸베라, 터키의 앙카라. 특히 브라질은 내륙개발을 목적으로 1960연대에 수도를 리우데자네이루에서 국토의 중앙에 위치한 브라질리아로 옮겼다. 국가의 균형적인 발전을 목표로 수도건설에 엄청난 재정자금을 쏟아 부었다. 그러나 수도이전 초기에는 사람과 기업이 옮겨오지 않아 상당히 고전한 것으로 알려져 있다. 앙카라와 칸베라는 사람과 기업이 몰려들지 않아 지금도 수도로서의 제 기능을 하지 못하고 있다고 한다.

우리나라의 수도권처럼 도쿄, 오사카, 나고야에 일본국부의 70%이상이 일극에 집중된 일본도 10여 년 전부터 국가의 균형발전을 위해 천도계획을 구상하고 있으나 아직도 실천에 옮기지 못하고 고심하고 있는 사실을 참고해야 할 것이다.

셋째, 새 정부는 수도이전계획을 정권당대에 완성하려 하지 말고 국가백년대계의 일환으로 장기적인 안목에서 추진해야 한다. 때문에 이전시점을 신중하게 검토해서 결정해야 필요가 있다.

이 사업에는 막대한 자금과 인력 그리고 시간이 소요된다. 또한 한 나라의 수도는 위치상으로도 상징성을 지녀야 하고 전국 어디에서니 쉽게 다가갈 수 있는 접근성이 좋아야 한다. 현재의 충청권이 통일한국의 수도로서 과연 입지가 타당한지를 신중히 검토해 보아야 할 것이다. 만약 수도이전을 계획대로 강행해 놓았는데 어느 날 갑자기 통일이 되었다고 한다면 지금의 수도는 위치상의 문제 때문에 또 다시 이전해야 하는 사태가 발생할 수도 있다. 따라서 수도이전은 현 정권이 5년 후 물러난 후에도 계획대로 추진될 수 있을 정도로 명분과 경제성을 구비해야 해야 한다. 따라서 사업추진과정에서 국민적 이해와 협조를 얻으면서 신중하게 진행하기 바란다. 최근 모 일간신문 여론조사에서도 행정수도 이전에 대해 우리국민 51%가 천천히 추진할 것을 주장하면서 졸속접근을 경계하는 태도를 나타낸 바 있다.

(2005. 1. 30)

25
세종시는 지금 바로 손을 봐야한다

이른바 행정중심복합도시 세종시는 정치적 산물이다. 표면상으로는 지역균형발전 등 그럴듯한 말로 포장되어 있지만 사실은 고노무현대통령이 선거에서 충청도표를 모으기 위한 수단으로 나온하나의 부산물이었다. 노무현대통령도 집권 후 "세종시 때문에 재미 좀 봤다"고 실토한바 있다. 때문에 지금 세종시 문제를 근본적으로 해결하는 방법도 실무적 차원이 아닌 지도자의 '정치적 결단'으로 이루어져야만 가능한 일이다. 세종시를 놓고 중대한 결단을내리기에는 시기적으로 다소 실기한 감도 있다. 그러나 국가의 백년대계를 위해서 반드시 지금 매듭짓고 넘어가야 할 중대한 국가적 과제이다. 정부여당으로서는 엄청난 고통이 뒤따를 것이다. 그러나 결론을 내려야한다. 현재의 세종시보다 더 알찬 대안을 마련하면 된다.

　지식정보화시대에 세계 각국은 지금 치열한 경쟁을 벌리고 있다. 이런 시점에 국가의 중추기능이 결집된 수도를 분할한다는 것은 시대착오적인 발상이다. 정치 행정기능이 한 곳에 모여 있어도 부처 간에 불협화음이 생기는데 이런 행정부서가 과천, 대전, 공주, 서울로 쪼개진다면 무슨 일이든 제대로 되겠는가. 우리는 우리나라보다 먼저 수도이전을 경험한 호주의 캔버러, 브라질의 브라질리아, 독일의 본과 베를린의 실패사례를 보고 듣고 있다.

　과거 70년대에 박정희대통령이 수도를 지금의 세종시부지로 이전하려던 구상은 당시 남북이 첨예하게 대립하고 있던 시기였기에 안보상으로도 명분과 타당성이 있었다. 그러나 지금은 상황이 다르다. 내가 보기에는 우리나라의 수도이전은 명분이 없다. 지금 서울은 뉴욕, 동경, 북경, 상해 등 세계의 주요도시들과 국익과 생존을 위해 치열한 경쟁을 벌리고 있는 시점이다. 외자유치, 관광, 금융허브를 위한 입지확보 등을 놓고 전쟁 중이다. 경쟁에서 살아 남기위해서는 오히려 과천과 대전에 흩어져 있는 행정기관을 서울에 다시 모아 국제경쟁력을 제고해야 할 시점이다. 지금의 세종시구상이라면 국가적으로 엄청난 낭비이고 충청지역에도 큰 도움이 되지 않으리라고 생각된다. 정부가 계획한 인구 50만 도시 구상은 실현가능성이 희박하다. 공무원 1만 여명이 내려 간다하더라도 이들 중 가족을 동반할 사람은 20%를 넘지 않을 것으로 예상된다. 교육 때문에 자녀와 부인은 서울에 머무를 수밖에 없고 독신으로 임지에 부임한 아버지는 기러기아빠 신세가 될 것이다. 주말에 공무원들이 서울로 귀경해버린 도시는 인적이 드문 도시가 될 가능성이 크다. 현재 정부방침에 따라 지방에 내려가 있는 공공기관들은 예외없이 서울도심에 어떤 형태로든 출장소, 지사를 두고 있다. 심지어 과천에 가 있는 부처들 까지도 세종로 정부종합청사나 인근에 건물을 임대해서 출장소 형식으로 사무실을 운영하고 있는 판이다. 수도가 분할되면 행복도시에 내려간 부처들은 당연히 서울사무소를 개설할 것이다. 부처장관들은 공무를 위해서 서울에 머무르지 않을 수 없다. 대통령중심제 국가에서 청와대가 서울에 있는데 지방에서 무엇 하나 되는 것이 없다. 한국적 행정의 특색은 서구처럼 문서나 유선으로 행정이 이루어지기가 어렵다. 대면(對面) 접촉을 통해야 공무나 일이 성사되는 형태다. 반드시 얼굴을 봐야한다. 극단적으로 얘기하면 이미 지방에 내려간 공기업의 경우를 봐도 해당 지방에서 이루어지는 행정행위는 1년에 단 한건도 없다고 해도 과언이 아니다.

국회가 문을 열었다 하면 부처마다 수십 명의 공무원이 서울로 올라와야 한다. 70~80년대에 먼저 지방에 내려가 있는 한국수자원공사, 국정교과서, 전매공사 등 기관들도 예외 없이 서울사무소를 두고 있고 해당 기관장은 서울과 지방을 출퇴근 하다 시피 오르내리고 있는 실정이다. 이들과 공무원들이 임지와 서울을 왕래하면서 길에 버리는 시간과 국고의 낭비는 엄청나다. 눈에 보이지 않는 행정의 비능률을 돈으로 계산하면 놀라운 숫자가 될 것으로 생각된다. 정부가 추진하고 있는 현재의 세종시는 국가의 백년대계를 생각하면 국가적으로 얻는 것 보다 잃는 것이 훨씬 크다. 지금부터라도 세종시를 무리하게 서두르지 말고 온 국민의 중지를 모아 현재의 세종시를 문자 그대로 '행복도시'가 될 수 있도록 대책을 세워 봐야 할 것이다. 세종시를 행정중심도시가 아닌 교육중심, 과학중심, 생태중심도시로 바꾸면 보면 어떨까. 때가 늦은 감이 있지만 지금이라도 집권여당이 앞장서서 도시의 성격을 수정해서 그 성격에 걸맞게 잘 꾸미면 훌륭한 대안도시가 탄생할 수 있으라 생각한다.

(2008. 9 .7)

26
4대강국 연구소를 만들자!

만약 일본열도가 현재의 위치에서 수십 킬로미터만 더 멀리 태평양쪽으로 위치했더라면 우리나라의 역사와 운명이 완전히 달라졌을 것이라는 말이 있다. 일본과 우리나라 사이에 험난한 태평양이 놓여 있었다면 당시의 일본의 조선기술이나 항해수준으로 미루어 임진왜란이 절대로 일어날 수 없었을 것이라는 견해이다. 불행히도 우리나라는 지정학적 위치 때문에 해양세력이 대륙으로 진출할 때는 예외없이 한반도를 징검다리로 이용해왔고 대륙세력이 바다 쪽으로 발판을 넓히기 위해서는 한반도를 통과하지 않을 수 없는 자리에 놓여있다.

우리의 지정학적 위치는 우리의 숙명이다. 국제사회에는 영원한 적도 동지도 없고 최후에는 힘이 곧 정의이다. 따라서 우리는 생존을 위해서는 장기적으로 러시아, 중국, 일본 그리고 미국 등 주변 4대강국에 대해 보다 철저히 연구해서 이들의 세력균형을 이용한 외교 전략으로 대처해야 과거와 같은 역사적 치욕을 당하지 않고 살아남을 수 있다.

임진왜란 당시 일본은 오래 전부터 수많은 첩자들을 상인, 스님, 외교사절이라는 신분으로 위장해서 우리나라에 잠입시켜 전국을 누비면서 왕실의 통치력, 군의 진지, 무기수준, 국민의 사기 등 모든 분야를 철저히 사전 조사를 했다. 그리고 이들 정보를 바탕으로 침략계획을 세웠기 때문에 거의 무저항상태에서 신의주까지 파죽지세로 쳐들어 올 수 있었던 것이다. 그러면 지금 우리는 과연 주변 4대강국에 대하여 얼마나 연구하고 있는가?.

나는 우리가 지금도 여전히 우리주변 국가에 대해서 상대방이 우리를 아는 것보다 너무 무지할 뿐 아니라 불행했던 과거사를 되풀이하고 있지 않나 하는 의구심마저 든다. 몇 년 전 우리나라의 대표적인 모 그룹의 창사 30주년사 제작을 맡은 실무자가 꼭 있어야할 자료를 찾지 못해 고민하던 끝에 혹시나 하는 생각으로 주한 일본상사에 해당 그룹의 자료를 구할 수 있느냐고 문의한 결과, 당일로 자료를 가지고 있다는 사실을 통보받았다고 한다. 그 그룹은 일본종합상사 홍보실에서 제공한 자료와 사진을 얻어 30년사를 완성했다고 한다. 이는 일본 정부를 비롯하여 재벌 등 각계각층의 한국에 대한 연구와 정보가 얼마나 많이 집적되어있는가를 반증해 주는 하나의 단편에 불과하다.

일본은 우리의 정치, 경제, 군사, 주요인사의 신상에 이르기까지 모든 것을 다 알고 있다. 그러나 우리는 일본에 관해서는 장님이나 다름없다. 극단적으로 이야기하면 우리나라의 대일본 정보는 임지왜란 당시의 사정과 별반 다를 바 없다고 생각한다.

일본뿐만 아니다. 우리의 최대의 우방이라고 하는 미국에 대해서는 얼마나 알고 있는가. 미국유학을 한 학자, 연수를 하고 돌아온 관료, 기업인들이 그렇게 많지만 정작 미국을 주제로 심층적으로 연구한 미국전문가는 드물다. 상당수가 일본, 유럽, 미국에서 한국문제를 주제로 박사학위논문을 쓰고 학위증 한 장 받는 데로 귀국하는 사례가 대부분이다.

미국유학생활도 하숙집, 도서관, 대학 강의실을 맴돌다 학위를 받자마자 득달같이 귀국하는 학자가 어떻게 미국을 알겠는가. 반대로 미국은 우리나라에 평화봉사단이라는 이름으로 사람을 파견, 한국의 시골 구석구석까지 뒤지며 우리나라를 연구 조사하는 등의 방법으로 한국전문가를 길러내고 있다. 그래도 일본, 미국에 대한 연구는 나은 편이다. 러시아와 중국을 전문적으로 연구하는 사람은 너무나 적은 숫자이다.

손자의 병법대로 한다면 우리는 현재 백전백패의 전략을 구사하고 있는 게 아닌지 걱정스럽다. 장기적으로 주변 4대강국을 심도 있게 연구하고 여기에 슬기롭게 대처하는 것은 우리민족의 생존권과 직결되는 지상과제이다.

따라서 지금부터라도 정부는 물론이고 재벌그룹들이 앞장서서 한나라씩 맡아 이들 4개국에 대한 연구소를 하나씩 만들어 정치, 경제, 군사 등 모든 분야를 철저히 연구해서 유비무환의 태세를 완비해 두어야 어떠한 상황에서도 우리 대한민국이 이 지구상에 영원히 존립할 수 있는 것이다.

(1997. 5. 20. 매일경제)

27
한국과 일본의 월드컵준비 태세 비교
한국은 기초질서가 무너졌다

기초질서가 무너졌다. 요즘 서울시내에서는 행인들이 통행의 기본인 좌측통행과 휴지 안 버리기 수준의 기초질서도 지키지 않는 사람이 너무나 많다. 언론에서는 인류최대축제인 월드컵 개최일이 180여일 남았다고 흥분하고 있지만 월드컵의 분위기는 냉랭하기만 하다. 축제를 맞는 우리의 준비태세도 허술하기 짝이 없다. 얼마 전 국제회의 참석차 일본 동경에서 조금 떨어진 시즈오카시를 방문할 기회를 가졌다.

그들의 도시 관리 수준은 정말 놀라운 정도였다. 시내를 하루 종일 걸어 다녀도 휴지 한 장을 발견할 수 없었다. 도로는 굴곡하나 없이 거울 알처럼 포장되어 있었고, 하수도의 맨홀이 지면보다 조금이라도 올라온 것을 보지 못했다. 도로면에 그려진 각종 교통안

내 글씨나 차선은 한결 같이 정교하게 그려져 있었다. 사람이 통행하는 보도의 블럭들은 마치 얼음판처럼 평평하고 매끈했다. 어두운 밤길이라도 길에서 보행자가 넘어지는 사고는 결코 일어날 수 없는 것이었다. 우리의 도시와는 달리 도로변에 즐비한 상점들도 상품을 인도에 내놓고 판매하지 않았다.

상점마다 경쟁적으로 간판을 내걸고 있었지만 간판의 크기와 형태, 간판의 수, 색상이 규정을 위반했거나 부착위치가 법규에 어긋난 것들을 찾아보기 힘들었다. 번화가에는 수많은 가로등과 전신주가 있었지만 거기에 불법 광고물이 붙어 있는 것을 볼 수 없었다. 우리나라와는 달리 아파트의 경우 외형, 색상, 창틀, 환풍기의 위치 등이 모두 통일되어 도시 전체가 아름다운 조화를 이루고 있었다. 시내의 고층 건물에서 내려다본 도시의 건물들 옥상에는 잔디가 깔려있거나 푸른색을 칠해서 자연 친화적인 분위기를 연출하고 있었다.

한 마디로 그들의 도시 관리는 두려움을 느낄 정도였다. 오늘 당장 월드컵 경기를 치러도 전혀 문제가 없을 정도로 완벽한 준비태세를 구비한 상태였다. 시즈오카시가 이 정도라면 다른 월드컵 경기 개최도시의 준비상황은 짐작이 가고도 남을 일이다. 정말 놀라운 일이다.

그러면 월드컵 공동개최국인 우리나라의 형편은 어떠한가. 오늘 현재 양국의 준비태세를 비교 평가한다면 일본과 우리는 천당과 지옥의 차이라고 해도 과언이 아니라고 생각한다. 일본에서 본 이러한 도시 관리는 가장 기초적이고 당연한 일들이다. 우리가 기술이 모자라서 시스오카시처럼 도시를 다듬지 못한다면 방법이 없을 것이다. 분명히 우리도 할 수 있는 가장 초보적인 직무를 공직자들이 직무유기를 하고 있다는데 문제점과 심각성이 있는 것이다. 일본의 지방도시가 이러한데 우리나라의 수도 서울의 경우는 어떠한가.

도시의 이동과 질서의 기본인 좌측통행이 행방불명된 지 오래다. 도로는 파이고, 부서지고, 맨홀이 도로면 보다 솟아나온 곳이 부지기수다. 도로상에 도색한 차선과 글자는 너무나 조잡하고 엉성하다. 왜 차선 하나를 제대로 똑 바르게 긋지 못하는지 이해할 수 없다. 전신주와 가로등이나 조그마한 공간이라도 있는 곳에는 온갖 불법광고물이 누더기처럼 붙어있다. 불법광고물에 관한 한 서울 시내에서 가장 한심한 곳은 서울의 상징이라고 할 수 있는 중구이다. 전신주마다 불법광고물에 이것도 모자라 세워진 기둥마다 넝마주이 광주리 같은 것이 매달려 있다. 도시 관리총책임자인 구청장은 과연 한 달에 단 한번이라도 관내 도로를 시찰 해본 일이 있는지 묻고 싶다.

서울 시내 도로관리 상태를 보면 말이 아니다. 누더기가 된 도로, 요철이 생긴 보도블럭, 거칠기 짝이 없는 마무리공사 현장을 보면 울화가 치밀어 오른다. 보도 변을 점령하고 있는 꼴사나운 각종 박스, 상가의 도로무단 점유, 보도를 불법 질주하는 오토바이, 도대체 사람이 안심하고 통행할 방법이 없다.

온통 건물 전체를 덮고 있는 불법광고 간판은 무질서의 절정이다. 고층건물에서 내려다본 서울의 건물 옥상 중에는 쓰레기 적치장처럼 흉물스럽다. 수도 서울의 청소상태를 보면 마음이 우울해진다. 곳곳에 휴지가 나뒹굴고 지하철 환풍구와 하수구는 담배꽁초가 쌓인 재떨이로 변한지 오래다. 서울의 도시 관리 상태를 일본의 시즈오카시를 기준으로 평가한다면 서울시장과 구청장들은 직무유기로 고발장을 받아야 마땅하다. 시장과 구청장들은 도대체 무엇을 하고 있는가. 자기의 직무가 무엇인지 알고나 있는지 의심스럽다. 혹시나 현재 서울 시장과 구청장들은 외유중이거나 장기 와병 중에 있는 것이 아닌가하는 생각이 들 정도이다.

표를 쫓아 TV에 얼굴을 내밀고 새벽에는 조기축구회에 참석해서 인사할 시간은 있어도 보도블럭 공사를 마친 현장에는 한번 가서 확인할 시간이 없다는 말인가? 서울시장과 구청장들은 표를 의식한 나머지 벌리는 포퓰리즘이 장기적으로는 남미의 부국 아르헨티나를 중진국으로 추락시킨 페론대통령의 말로를 타산지석으로 삼아야할 것이다.

도시 관리 문제가 나오면 공직자들은 국민의 질서 의식수준을 들먹인다. 진정 우리의 시민의식수준에 문제가 있다면 88올림픽을 어떻게 올림픽 역사상 가장 훌륭한 대회로 치를 수 있었겠는가.

나는 오늘 이 도시의 질서가 난장판으로 추락한 것의 일차적 책임은 시민보다는 시정을 책임진 공직자들에게 있다고 생각한다. 한마디로 공직자들이 직무를 유기하고 있는데 원인이 있는 것이다. 서울시장과 구청장들이 싱가포르의 이광요 수상처럼 지도자가 솔선해서 강력한 질서운동을 전개한다면 수도 서울의 도시질서는 세계의 모범이 될 것이며 월드컵 경기도 성공적으로 치를 수 있을 것으로 확신한다.

28

우리만 거꾸로 가고 있다

최근 한반도를 둘러싼 국제정치 정세를 보면 마치 1800년대 말 청일전쟁을 전후한 시대상황과 흡사하다. 중국은 폭발적인 경제성 장을 바탕으로 아시아의 맹주로 자리매김을 하고 있고, 일본은 10 년 장기 경제 불황에서 벗어나 경제대국에서 정치군사대국으로 도 약을 시도하고 있다.

중국은 2010년에 일본을 따돌리고 2020년에는 미국을 추월하겠 다는 야심찬 국가발전 전략을 추진하면서 한반도에 대해서는 이른 바 동북공정이라는 남북통일 이후의 한반도전략을 벌써부터 조직 적으로 추진 중이다. 한편 세계 제2위의 군사대국으로 발돋움한 일 본은 확고한 미일 군사동맹을 바탕으로 아시아에서 미국을 대신해 서 중국을 견제하는 역할을 자임하면서 우리에게는 독도영유권을 주장하는 등 한반도에 대한 영향력을 증대시키고 있는 상황이다.

이처럼 한반도 주변열강들이 부국강병으로 줄달음치면서 힘의 논리를 내세워 우리를 조여 오고 있는 절박한 시점인데도 우리는 시대 역행적인 과거사 캐기와 현안사업들을 놓고 국론이 사분오열 되어 표류하고 있다. 외교적으로는 우리가 가장 가까이 해야 할 미 국과 과거와는 달리 무언가 매끄럽지 못한 관계이고 중국과는 동 북공정으로 서먹서먹하다. 이웃 일본과는 언제나 가깝고도 먼 나 라이며 잠재력있는 대국 러시아와도 그리 부드러운 관계라고 하기 어렵다.

우리의 외교정책은 원교근공도 아니고 근교원공도 아닌 확고한 동맹국이 뚜렷하지 않는 줄타기 외교를 하고 있는 셈이다. 경제적 으로는 정부의 친 노조 기조에다 점증하고 있는 반 기업정서, 가계 부실의 누증, 청년실업자의 증가, 제조업의 해외이전 급증, 막대한 자금의 해외유출 등으로 최악의 경우 우리나라가 영원히 2류 국가 로 전락할 수도 있다는 분석까지 나오고 있는 실정이다. 정치적으 로는 행정수도이전, 보안법폐지. 과거사규명 등을 둘러싸고 계층 간, 지역 간, 세대 간에 국론이 양분되어 한 치도 양보없는 대결양 상을 보이고 있다.

우리주변의 강대국들은 앞을 보고 줄달음치고 있는데 우리는 시 대를 역행하면서 천하대세와는 관계없는 문제들을 놓고 국력을 소 모하고 있다. 정부의 부동산정책도 투기억제와 소득불균형해소에 무게중심을 둔 정책을 지속적으로 펴왔기 때문에 부동산경기는 거의 바닥을 헤매고 있는 실정이다. 그렇게 활발하던 재개발이 중단되고 아파트재고가 쌓이면서 건설업체들이 자금난을 극복하지 못하고 차례로 쓰러지고 있다. 부동산 정책의 묘미는 실수요자에게 무게중심을 두고 부동산경기는 살리면서 투기를 잡는데 있는 것이다. 부동산경기가 죽으면 투기는 자동으로 사라지기 마련이다. 지금 같은 공직자의 면책위주의 정책구사는 책임자가 문책은 면할 수 있겠지만 나라의 경제는 멍들게 된다.

경기를 죽이지 않으면서 투기를 잡아야 국민을 위한 정책이다. 개인이나 기업이 정부의 정책을 믿고 장기적인 안목에서 투자를 준비하거나 사업계획을 수립할 수 있어야 한다. 정부의 정책이 언제 변할지 모르는 상황에서는 아무도 투자를 하지 않는다. 우리나라는 정말 지금 어려운 시기에 놓여있다. 위기라 해도 과언이 아니다.

이럴 때일수록 우리는 전략적 사고를 해야 한다. 사고의 중심을 과거가 아닌 미래에 두고 모든 정책을 입안하고 추진해야한다. 과거사에 매달려 국력을 낭비할 정도로 한가한 시기가 아니다. 먼저 분열된 국론을 통일하고 국가의 모든 역량을 총동원해서 경제회복에 진력해야할 시점이다.

대통령과 정부여당은 무엇보다 국민들에게 꿈과 희망을 주는 장기 비전을 제시해야하고 특히 기업인들에게 일하고, 투자하고 싶은 신바람나는 대책과 분위기를 조성, 즉각 시행에 옮겨야 할 것이다. 인간은 내일에 대한 희망이 있을 때 현재의 어떠한 고통도 참아낼 수 있다. 한편으로 우리가 생존하기 위해서는 고전적인 부국강병정책을 펴나가지 않을 수 없다. 이를 위해 경제 기술적인 면에서 경쟁국인 일본을 하루빨리 따라잡아야 하며 추격해오고 있는 중국과의 격차를 더 벌려야 한다.

특히 우리의 주력 수출품인 전자, 조선, 철강, 자동차 등 특정 품목에 대해서는 무슨 일이 있어도 중국을 한발 앞질러야 우리가 살아남을 수 있다. 이를 위해 기업들은 R&D를 보다 강화하는 한편 유학생과 전문 인력인 기술자를 미국, 일본 등 선진국에 대량으로 파견해서 선진기술을 배워와야 할 것이다. 부동산정책도 모든 경제주체가 정부의 정책을 신뢰하고 장기적인 안목에서 투자와 사업계획을 세울 수 있도록 장기적이고 일관성 있는 정책을 계속 펴 나가기를 당부한다.

(2004. 10. 8 서울신문)

29
월드컵, 기초질서, 단체장 선거

월드컵 개최일이 불과 두 달 밖에 남지 않았다. 그러나 서울의 준비태세는 구호만 요란했지 행동과 내실은 기대에 못 미치고 있다. 월드컵 경기는 온 인류의 축제로 올림픽경기보다 시청자 수에 있어서나 경제적 파급 효과 면에서 한 단계 높다고 한다. 따라서 월드컵의 성공적인 개최는 국가의 이미지를 업그레이드 하는데 엄청난 효과가 있을뿐 아니라 한국 상품의 가치를 높여 수출촉진에도 크게 기여할 것으로 생각된다. 그러나 지금의 준비상태를 보면 누가 보아도 불과 두 달 후에 세계적인 이벤트를 치를 나라라는 분위기를 느낄 수가 없는 상황이다. 경기장시설 등 하드웨어 부문은 그런대로 수준급으로 건설되고 있으나 준비상황 중에서도 가장 나쁜 부분이 국가의 이미지와 직결되는 기초질서와 도시의 미관을 좌우하는 간판과 광고물의 무질서함이다.

사람의 눈에 잘 띄는 곳에는 예외 없이 "기초질서 확립하여 월드컵 잘 치르자"는 플랜카드가 걸려있다. 그러나 서울 도심의 경우 좌측통행의 관행은 사라진지 오래이고, 길거리에 침을 함부로 뱉는 사람, 휴지와 쓰레기를 남몰래 버리는 어른들, 하수구와 지하철 환풍구에 가득 쌓인 담배꽁초, 일부 후진국에서나 볼 수 있는 추한 모습들이 월드컵을 코앞에 둔 수도 서울의 도심에서 벌어지고 있다.

그 많은 공무원과 경찰은 도대체 무엇을 하고 있기에 무질서를 잡고 불법광고물을 단속하는 광경을 보기가 어려운가? 도시의 입체적 공간질서의 기초인 간판을 보면 현기증이 난다. 합법보다는 불법간판이 판을 치고, 자극적인 색상의 간판이 시내를 뒤덮고 있으며, 전신주란 전주에는 불법 광고물이 덕지덕지 붙어 있다. 지금의 준비상황을 보면 서울시장과 구청장들은 월드컵을 위해 과연 무엇을 하고 있는지 의심스러울 정도이다. 과연 이들은 지금 무엇을 하고 있는가?

구청장들은 국가의 대사는 안중에 없고 6월에 있을 단체장 선거에 마음을 뺏겨 표를 찾아 줄줄이 출장을 나가고 자리는 비어 있다. 이에 따라 월드컵에 대비한 준비소홀은 말할 것도 없고, 지역 현안 처리가 지연되거나 업무에 막대한 차질을 빚는 등 시민들의 불편이 이만 저만이 아니라고 한다. 이들은 기초질서를 잡고 불법 간판과 광고물을 철거하는 등 기본적인 의무마저 팽개치고 표를 좇아 대부분의 시간을 보내면서 뛰어 다니고 있다. 다급해진 서울

시가 불법광고물과의 전쟁을 치루고 있으나 일선 구청들은 일손을 놓고 있다.

어느 구청의 경우 올들어 한 차례도 불법 간판 현장 점검을 하지 않은 것으로 나타났다. 이들은 표를 의식한 나머지 단속을 포기한 것이다. 월드컵은 우리나라 역사상 두 번 치르기 어려운 세기적인 행사이다. 이러한 중대한 이벤트를 내팽개치고 자신의 영달을 위해 직무를 유기하는 구청장들을 그대로 보고만 있어야 하는가?

이 시점에서 우리는 선진국들의 사례라면 무조건 모방하는 지방자치제도를 근본적으로 재검토해 보아야할 것으로 생각된다. 우리나라의 경우 시·군의 경우처럼 지방의 특색을 살릴 수 있는 지자체의 직선은 그 나름대로 뜻이 있다고 하겠다. 그러나 이번처럼 지자체장 선거와 월드컵 경기가 겹치는 경우를 경험해보니 서울 등 광역시의 경우 구청장을 현재와 같은 선출직으로 하는 것은 실익은 거의 없으면서 경제적 낭비와 각종 부작용이 더 큰 것으로 증명되고 있다. 서울의 한 울타리 안에서 무슨 지역적 특색을 살릴 수 있는 것도 아니고 국가 대사를 앞두고 기초질서 확립, 불법간판 정비 등도 제대로 안 하는 구청장들을 왜 선출해야 하는가.

광역시의 구청장은 과거처럼 임명직으로 전환하는 것이 국익에 도움이 될 것으로 생각한다. 현 단계에서 구청장들에게 다음 두 가지 사실을 상기시키고 싶다. 첫째는 아르헨티나의 전 대통령 후안 페론의 인기주의가 1945년도에 세계 8위의 부국이었던 나라를 국가부도로 이끌어 나라를 망하게 한 사실이다. 현재 구청장들이 표를 의식해서 벌리고 있는 선심성 인기영합주의는 서울의 질서와 미관을 망치고 결국에는 자신도 실패한 구청장으로 역사에 기록될 것이라는 사실을 기억하기 바란다.

둘째로 일시적인 시민의 저항을 받았지만 강력한 질서운동을 전개한 과거 미국 시카고 시장의 시정개혁의 사례를 참고하기 바란다. 지난 날 시카고는 범죄와 무질서가 판을 치고 야간에는 인적이 드문 무서운 도시였다. 그러나 새 시장이 강력한 질서운동, 범죄소탕, 철저한 도시 관리를 단행하면서 시의 치안과 질서는 혁명적으로 변화했고 시카고는 모범도시로 거듭났다고 한다.

이에 따라 시장의 인기는 상한가로 오르고 그는 계속 시장으로 당선되었다고 한다. 이제 월드컵까지는 불과 두 달, 온 국민들이 한마음이 되어 88올림픽처럼 역사상 가장 성공적인 월드컵을 치러 세계를 감동시키고 다시 한번 우리나라를 선진국으로 도약시키는 계기로 만들어야 할 것이다.

(2002. 4. 9 동아일보)

30
응원1번지 광화문을 관광지로

이번 월드컵경기에서 뿜어낸 우리 민족의 열정과 저력은 세계는 물론 우리 스스로를 놀라게 했다. 단군이래 이번처럼 온 민족이 화합, 단결, 환희로 한 달간 줄달음친 적이 언제 있었던가? 누가 한 많은 우리민족을 그 짧은 기간에 이렇게 열광케 만들었는가? 네덜란드에서 달려온 거스 히딩크, 그는 위대한 스포츠 지도자요 대중을 사로잡을 줄 아는 사실상 정치지도자였다. 히딩크는 무엇보다 축구 국가대표선수 선발에 있어서 지난 날 우리축구계에서 판을 치던 스포일 시스템대신 철저한 실력위주로 선수를 뽑았다. 고질적인 지연, 학연 등 연고를 완전히 배제하고 완벽한 메리트 시스템으로 출발했다. 선발된 선수들에게는 혹독한 체력훈련과 정신교육을 통해 국가대표선수로서의 자긍심을 불어넣었다.

그리고 선수들에게 월드컵에서 좋은 성과를 내면 장래 어떻게 된다는 비전과 철학을 제시하면서 신바람을 불어넣었다. 때문에 4강 신화라는 기적을 창조할 수 있었던 것이다. 나는 광화문과 시청광장에 모여 포효하는 관중을 보고 만약 한국에 히딩크와 같은 위대한 정치지도자가 나타나 우리나라를 리드한다면 우리의 국력도 세계 4강으로 도약하는 것은 시간문제라는 생각을 하게 되었다.

이제는 포스트 월드컵을 준비해야 할 시점이다. 정부 민간 각 분야에서 다양한 대책을 수립하고 있을 것으로 알고 있으나 우리는 지난 88올림픽을 모범적으로 치르고도 그 성과를 승화시키지 못했던 역사를 거울삼아야 할 것이다. 우리 민족의 열정과 저력이 유감없이 분출된 월드컵의 위대성을 살리기 위해 나는 포스트 월드컵과제로 다음 몇 가지 아이디어를 제시한다.

첫째, 거리응원으로 세계를 놀라게 했던 광화문과 시청광장일대를 한국형 도시축제의 장으로 만들어 우리나라를 찾는 외국관광객을 대상으로 한 정기적인 이벤트를 열어 관광 자원화하자. 붉은 악마의 탄생현장이기도하고 월드컵기간 중 세계의 이목을 집중시킨 지역이기 때문이다. 우선 일정구역을 설정해서 명칭을 월드컵 거리, 월드컵 광장 혹은 히딩크 광장으로 명칭을 붙이자. 이 전 구역의 도로, 가로수, 가로등, 도로포장은 물론 주위건물의 색상, 간판, 심지어 디자인까지 전통적인 한국형으로나 혹은 서구의 모범적인 광장을 벤치마킹해서 새롭게 단장, 세계의 명소다운 축제의 광장으로 만들자.

둘째, 이 거리와 광장의 적당한 위치에 히딩크 감독의 동상을 건립하고 주변에는 이번 월드컵의 영웅들인 선수 코치 지원단들의 손도장이나 족적(발 도장)을 동판으로 만들어 부착하자.

셋째, 이 구역의 일정면적을 할애, 소형 월드컵 기념관을 세우자. 이 기념관에는 영상관을 만들어 그 날의 응원열기를 현장에서 느낄 수 있도록 영상물을 계속 상영, 외국관광객들에게는 당시에 폭발했던 한국인의 열정과 환희를 소개하고 우리 국민들에게는 그 날의 감격을 두고두고 영원히 느낄 수 있도록 하자.

넷째, 기념관에는 월드컵 기간 동안에 방송된 TV등 매스컴에 등장했던 모든 장면을 치밀하게 분석, 이중에서 톡 톡 튀는 디자인의 복장, 응원도구, 보디페인팅을 비롯하여 청소, 경비, 구급활동, 자원봉사활동 화면 등을 골라 그 중에서 훌륭한 영상을 밀랍 인형으로 제작해서 현장에 전시하자.

다섯째, 우리가 4강에 진출했던 그 날을 해마다 "월드컵 축제" 혹은 "국민축제의 날"로 제정, 외국과는 달리 특별한 축제문화가 없는 우리나라에 이 날을 독특한 국민축제일로 만들자. 세계적인 관광상품으로 자리잡은 브라질의 리우축제 등을 참고해서 그 날 축제에는 거리응원의 특색을 살리기 위해 세계 각국의 축구응원단, 치어리더들을 초청해서 한바탕 축제를 버리자. 일본의 울트라닛뽄, 중국의 치우미 응원단, 그리고 남미와 유럽의 축구응원단 등. 여기에다 이 날에 우리나라의 대학대항 응원경진대회, 응원복 패션쇼, 분장패션쇼 등을 곁들이면 더욱 효과적일 것으로 생각된다.

(2002. 6. 30. 동아일보)

31
인사 청탁과 공정인사

한국 수자원공사 사장으로 재직 시에 내가 가장 고통스러웠던 일 중의 하나가 인사철이면 어김없이 걸려오는 실세들의 인사 청탁이었다. 이들의 요구를 들어주면 당분간 내 자리를 지키는 데 상당히 도움이 되는 것은 사실이었다. 그러나 공사인사에 외부의 입김이 작용된 인사라는 사실이 들통나면 그 순간부터 사장의 권위는 땅에 떨어지고 만다. 결국 사원들은 일손을 놓고 줄을 찾아 나서기 시작한다. 이렇게 되면 사원의 사기는 떨어지고 조직은 비틀거리게 된다. 그런데 인사 청탁을 해오는 사람들의 면면을 보면 예외없이 사장의 목을 쥐고 있는 실세이니 조직의 장으로서는 진퇴양난이었다.

당시 나는 사장 취임과 동시에 전 직원들에게 공정한 인사를 경영방침 1번으로 천명하였다. 그리고는 앞으로 인사에 관하여 외부에 청탁을 해서 사장에게 압력을 가하는 사원이 있으면 모델 케이스로 인사에 불이익을 주겠다고 공약을 해놓은 상태였다.

불행히도 연초 정기인사가 시작되면서 우려했던 인사청탁이 현실로 나타났다. 문자 그대로 정부 여당의 실세가 두 사원의 승진을 부탁해온 것이었다. 나는 우선 청탁해 온 사원들의 인사기록카드를 검토해보았다. 두 사람 모두 승진대상의 서열 1~3위로 올라있어 굳이 청탁하지 않아도 자동 승진될 수 있는 사원들이었다.

아마도 이들은 승진을 완벽하게 해놓으려고 외부에 청탁을 했던 것 같다. 그런데 나를 놀라게 했던 일은 인사결과발표가 나지도 않은 상태에서 고위층에 줄을 대었던 이들이 승진을 따 놓은 당상으로 생각하고 자기 부서의 부하들과 호화판 승진 축하연을 끝냈다는 사실이었다.

나는 이 문제를 놓고 고민하기 시작했다. 이들을 승진시키자니 사원들과의 공약이 머리를 맴돌고 무엇보다 나의 자존심이 이를 허락하지 않았다. 한편으로 깔아 뭉개자니 마음이 편치 않았다. 결국 나는 실리보다 명분을 택하기로 마음을 굳히고 공약한대로 두 사원을 승진대상에서 제외한 채 정기인사결과를 발표하였다. 그리고 곧장 인사청탁을 해왔던 실세들을 차례대로 찾아갔다.

이들은 예상한데로 정말 나를 반갑게 맞이해주었다. 그러나 본론에서 도저히 인사청탁을 들어줄 수 없었다는 설명을 듣고는 나를 정신나간 사람으로 취급하는 태도였다. 그러나 나는 전문경영인으로서 최초로 공기업 사장이 되었으니 다른 사장들과는 무언가 다른 점이 있어야 할 것이 아닌가라는 말을 스타트로 공기업의 인사난맥상과 나의 인사철학을 끈질기게 설득하여 결국 이들의 양해를 얻어내는데 성공했다.

이 한 번의 인사를 계기로 공사의 분위기는 혁신적으로 변화하기 시작하였다. 공기업의 고질병 중의 하나인 인사청탁과 그 많던 외부로의 음해성 투서가 거의 사라지게 되었다. 실력 있는 자, 일 열심히 하는 사람이 대우를 받는 공정인사가 자리 잡으니 일하기도 바쁜데 남을 음해할 시간적 여유가 없었기 때문인지 투서가 사라지게 된 것이다.

여기에 힘을 얻은 나는 인사에서 지연과 학연 등 연고를 철저히 배제하는 인사정책을 지속적으로 실천에 옮겨 나갔다. 덕분에 회사는 사원들이 업무에 전력투구하는 분위기 속에서 90년대 초, 23개 국영기업체 가운데 3년 연속 노사협조 모범기관으로 선정되었고, 91년에는 공기업 경영평가에서 최우수(1등)기관으로 선정되기도 했다.

이러한 경험을 통해서 나는 인사야말로 조직의 생사를 좌우하는 핵심이라는 사실을 직접 체험할 수 있었다. 역시 인사가 만사라는 말은 진리였다. 한 조직의 장은 인사에 관한 한, 고향사람이라는 이유로, 학교동문이라는 핑계로 정당성이 없는 편파인사를 일삼으면 그 조직은 물론 결국 자신도 망한다는 사실을 명심해야 할 것이다.

(2000. 12. 14 financial news

32
조선족 동포들을 참사랑으로 감싸주자

국제회의 참석차 중국의 동북 3성의 하나인 길림성의 훈춘을 방문했을 때, 연변에 사는 우리 조선족 동포들이 사는 마을을 가본적이 있다. 그 곳을 보니 지금은 한반도에서 사라져버린 과거 우리의 삶의 모습과 풍습이 고스란히 남아있어 실로 감격스러웠다. 조선족 동포들의 한없이 소박하고 정겨운 인정에 옛고향을 찾은 듯한 감회에 사로잡혔다.

연변을 중심으로 중국 동북 삼성에 뿌리를 내려 살고 있는 재중동포는 약 2백 만 명에 이른다고 한다. 이들은 일본 제국주의가 우리나라를 강제합병한 뒤, 토지조사사업이란 이름으로 그들의 생활터전인 토지를 강탈당하자 남부여대하고 살 땅을 찾아 이주한 우리의 동포들과 그 후손들이다. 농경사회에서 토지를 잃으면 모든 것을 잃는 것이다. 엄밀한 의미에서 본다면 그들이 받은 정신적 육체적 고통과 경제적 손실에 대해서는 일본 정부가 어떤 형태로든 보상을 해주어야 할 책임이 있다. 오죽했으면 정든 고향을 버리고 산 설고 물 설은 이국땅으로 떠났겠는가. 생활의 터전인 땅을 빼앗겼기 때문이었다.

조국에 남아있는 우리들은 우리를 대신하여 조국을 떠나게 된 그들에게 미안한 마음을 가져야 할지도 모른다. 우리나라가 힘이 있었다면 이런 비극은 결코 일어나지 않았을 것이다.

이러한 역사적 배경을 가지고 있는 조선족들이 취업을 위해 또 다른 기회를 찾기 위해 경제적으로 발전한 조국 한국으로 찾아오고 있다. 그런 그들에게 우리는 무슨 일을 저지르고 있는가. 사업이나 관광차 연변으로 간 일부 한국인들이 순진한 조선족을 상대로 사기를 치고 잠적해 버리는가 하면, 순진한 조선족 처녀들에게 거짓 결혼을 약속하며 지울 수 없는 상처를 안겨주고 있다고 한다. 조국을 찾아 이 땅에 온 경우도 마찬가지이다. 이른바 3D업종에 종사하고 있는 조선족에게 고용주가 비인간적인 학대를 가하는 사례가 언론에 보도되기도 하고 불법체류 동포를 상대로 이들의 약점을 이용하여 인건비를 착취하는 등 악질적인 고통을 주고 있는 일도 발생하고 있다. 이 때문에 현지에 있는 조선족들은 초기와는 달리 이제 한국인이라면 오히려 적대감을 보이는 사례도 있으며, 조국 땅을 밟았던 조선족 동포들 중에는 심한 반한감정을 가지고 있는 사람들도 적지 않다고 한다.

이 시점에서 우리는 중국정부의 해외교민정책을 눈여겨 봐야 할 것으로 생각한다. 세계의 주요 도시를 거점으로 거미줄처럼 연결되어 있는 중국 화교들의 네트워크와 중국 정부와의 유대관계를 주목해야 할 것이다. 중국정부는 화교들을 보호하고 지원하는데 엄청나게 힘을 쏟고 있다. 화상(華商)들은 조국을 위해서라면 무슨 일이든 언제든지 발 벗고 나서서 재정적 지원을 한다. 따라서 화교들의 막강한 경제력과 중국정부의 체계적이고 조직적인 지원으로 화상들은 동남아를 이미 경제적으로 장악했고 세계경제의 흐름에도 지대한 영향을 미치고 있다.

그런데 우리는 어떤가 ? 해외동포들을 대상으로 한 교민정책은 한심하기 짝이 없다. 동포들을 결속시키기는 것은 고사하고 이들에게 상처만 주고 있기 때문에 오히려 조국을 등지는 사태가 벌어지고 있다. 우리의 해외동포는 중국, 러시아, 미국, 일본, 남미 등지에 살고 있는 동포의 수를 합치면 약 4백만 명에 이른다. 이들을 조직적으로 체계적으로 연결하여 한상(韓商)경제권을 형성한다면 장래 세계경제에서 엄청난 힘을 발휘할 수 있을 것이다.

우리는 무엇보다 먼저 현재 조국에 들어와 있는 조선족을 비롯해서 중국 동북 3성에서 자리 잡고 있으면서도 항상 조국을 그리워하고 있는 재중 조선족 동포들을 따뜻하게 감싸주는 운동부터 전개하자, 진심으로 그들을 우리의 친척으로 형제로 생각해야 한다. 또한 정부는 조선족 특별보호팀이라도 구성하여 실질적으로 조선족에게 도움을 줄 수 있는 지원대책을 마련, 실천에 옮겨야 한다.

조선족을 상대로 사기행각을 벌이는 한국인들에 대해 처벌을 강화하는 한편 이런 일들이 일어나지 않도록 사전예방대책도 강구해야 할뿐만 아니라, 국내에 들어온 조선족들이 더 이상 조국에서 피해를 입는 일이 생기지 않도록 보호하는 것이 절실하다.

(2000. 12. 7. financial news)

33
지방자치, 이대로 좋은가?

얼마 전 등산길에 우연히 지나가다 보게 된 팔당호 댐 주변지역의 광경은 그야말로 무법천지, 무질서의 극치였다. 러브호텔과 각종 음식점, 카페로 뒤덮인 그 곳은 국토계획이나, 도시계획은 물론이요, 환경보호와는 거리가 먼 난장판 그 자체였다.

지방자치단체장들이 자기의 임기내에 무언가 보여줘야 한다는 단견(短見)을 가지고 무더기로 허가해준 각종 전시성 개발 사업 때문에 우리민족의 공동재산이라고 할 수 있는 수려한 자연환경이 마구잡이로 파괴되어 가고 있었다. 뿐만 아니라 강가에 들어선 건축물과 시설에서 흘러나오는 오·폐수가 한강으로 그대로 흘러들어가고 있었다. 수도권 시민의 생명수인 한강이 중대한 위협을 받고 있는 현장이었다. 그 곳을 보면서 이 나라의 지방자치가 당초의 취지와는 달리 지방 황폐화를 촉진하는 제도가 아닌가하는 의구심마저 들었다.

지방자치가 시작된 지도 몇 년의 세월이 흘렀다. 그 동안 지방자치의 실시로 획일적이던 지방행정이 지역의 특성을 살리고 차별화하는 등 다소의 성과는 있었다. 그러나 조금 깊이 들어가 보면 광역시나 도 단위의 지방자치는 그런대로 넘어갈 수 있으나 풀뿌리 민주주의의 출발인 시, 군, 구의 지방자치는 성과보다는 오히려 부작용만 양산하는 건 아닌지 모르겠다.

수도권의 난개발 사례는 지자체들이 경쟁적으로 지역발전, 세수 증대를 명분으로 내세워 추진하고 있으나 장기적으로 치유 불가능한 부작용을 양산하고 있는 실정이다. 더구나 기초단체의 장들과 지방의회의원들이 덩치의 경쟁을 벌리면서 짓고 있는 청사, 의회 건물을 비롯하여 수요예측은 안중에 없이 무조건 짓고 보자는 식으로 건설하고 있는 운동장, 문화원, 주민센터 등 일 년에 고작 한두 차례 쓰고는 텅 비어 관리비만 잡아먹는 건물 등 · 낭비가 이만저만이 아니다.

기초단체들은 예산을 짤 때 빠짐없이 그들의 해외연수 비용을 배정하는가 하면, 해마다 자신들의 세미나 활동비는 인상한다. 극히 일부이기는 하지만 지역에서 발주되는 공사에는 빠짐없이 혀를 내미는 일부 토착비리 의원도 있다고 한다. 기초단체장들이나 의원들이 그 비용이 자기 주머니에서 나오거나, 자기사업이라면 과연 지금과 같이 함부로 낭비할 것인지 반문하고 싶다.

일찍이 봉건제도를 경험한 일본이나 거의 독립국가 수준의 주정부의 특징을 가지고 있는 미국같은 국가에서는 지방자치는 매우 바람직한 제도이다. 지방자치 실시로 여러 가지 괄목할 만한 성과를 내고 있다. 그러나 우리나라의 경우, 우선 재정자립도가 50%를 넘는 지자체가 거의 없는데다 지방자치에 대한 참다운 이해와 전통도 제대로 확립되지 않은 상황에서 외국의 외형적인 장점만 보고 제도를 무조건 도입했으니 무리가 따를 수밖에 없다.

우리나라는 신라시대부터 중앙집권적 군현제를 채택해 온 나라이다. 현실적으로도 지자체실시의 핵심인 재정자립도가 50% 이하를 맴도는 시, 군, 구가 대부분이다. 이러한 상황에서 지방자치는 허울 좋은 구호에 불과하다. 중앙정부의 지원이 끊어지면 지자체의 기능이 마비된다. 서울시의 경우를 보자, 각 구청마다 무슨 특징이 있다고 구별로 쪼개어 자치를 해야 하나? 같은 서울시 울타리 안인데 구청장마다 도로에 설치해놓은 알루미늄 가드레일을 보면 그 설치장소가 각각 다르고 디자인도 다르다. 어떤 가드레일의 디자인은 유치의 극치를 달리는 사례도 볼 수 있다.

지자체의 예산 배정권을 쥐고 있는 행정자치부는 지자체에 대한 예산배정과 예산집행에 있어서 철저히 관리해야한다. 감사원은 사후관리에 철저를 기하고 또한 건설부와 환경부는 국토행정에 있어서도 엄정한 관리를 통해 지자체가 국토와 환경을 훼손하지 못하도록 사전, 사후감시를 게을리 해서는 안될 것이다.

이제 와서 지방자치를 포기한다는 것은 어렵겠지만 광역시, 도

수준의 지방자치는 현행대로 존치하더라도 시, 군, 구 기초 지방자치는 그 동안에 나타난 부작용을 고려할 때 지방자치를 포기하는 등의 근본적인 재검토가 필요한 시점이라 생각된다.

(2000. 11. 30. financial news)

34
내가 대통령이라면

　다가오는 21세기 초 우리나라를 이끌어 갈 지도자를 뽑는 대통령선거전이 한창이다. 국가원수로서 대통령이 해야할 일이 엄청나게 많지만, 한마디로 요약하면 나라를 외침으로부터 보위하고 국민이 행복하게 살 수 있도록 하는 것이다. 현실적으로 내가 대통령이 된다는 것은 실현 불가능한 꿈이겠지만 작금에 나라 돌아가는 꼴이 하도 답답해서 내가 대통령이 되는 꿈을 꾸어본다. 기적이라도 일어나서 만약 내가 만약 대통령이 된다면 국정을 이렇게 펼쳐나가겠다는 청사진을 제시해 보기로 했다.

　첫째, 그 동안 나라를 지키기 위해 희생한 사람들을 추앙하고 그 유족들을 철저히 보살피겠다. 나라잃은 국가에는 대통령선거도 없다. 오늘 날 냉전체제가 무너졌다고 하지만 냉엄한 힘의 원리가 판치는 국제사회에서 최후의 주권을 지키는 것은 군사력뿐이다. 그러나 한나라가 자위를 위해 규모의 경제를 뛰어넘는 막강한 국방력을 지속적으로 유지한다는 것은 불가능하다. 따라서 우리는 가상 적국과 비교해 첨단무기로 무장한 일당백(一當百)의 소수정예 군사력을 유지하는 것이 대안이 될 수 없다.

대신 일단 유사시에는 이스라엘처럼 온 국민이 자발적으로 전쟁에 참여해 국민총력전을 펼 수 있도록 하는 사회적 여건을 조성해야한다. 이를 위해 먼저 독립운동 유공자들과 6·25전쟁 등 나라가 위기에 처했을 때 산화한 국군장병들과 독립운동가들을 추앙하고 그 유족들을 가족처럼 보살펴야 한다. 전쟁 중에 전사했거나 실종된 미군병사 한사람의 유해를 찾기 위해 지구 끝까지 달려가는 미국정부의 노력과 태도는 정말 부럽기까지 하다. 우리 정부는 지금까지 무명 독립운동가나 전사한 국군장병들의 유해를 찾기 위해 얼마나 노력했는지 묻고 싶다. 또한 남의 생명과 재산을 지키려다 자신을 희생한 경찰관 소방관 일반시민들을 의인으로 추대하고 그 유족들이 걱정없이 살아갈 수 있도록 사후관리를 하는 제도적 장치를 마련하겠다.

둘째, 국가경제발전의 주역인 경제인들을 격려하고 우대하겠다. 부존자원이 없는 우리나라가 살길은 수출을 지속적으로 확대하는 것이다. 나는 틈나는 대로 세계시장에서 경쟁력있는 제품을 개발한 공장이나 수출물량을 획기적으로 늘린 기업체를 찾아가 근로자들을 격려하고 국가경제에 기여도가 높은 경제인들을 청와대로 초청해 노고를 치하하고 사기를 높이겠다. 이들이 신바람 나서 자기 일에 전력투구하게 될 때 우리경제는 세계적 수준으로 도약하게 될 것이다.

셋째, 지식정보화 사회에서는 과학과 기술이 경쟁력이다. 때문에 과학자와 기술자들이 우대받는 사회를 만들겠다. 한국의 실리콘 벨리인 대덕단지의 과학기술자들이 보따리를 싸서 전직(轉職)하고 유능한 학생들이 이공계를 기피하고 법대를 선호하는 사회를 이대로 방치한다면 우리는 국가간 경쟁이 치열한 지식정보화 사회에서 살아남을 수 없다. 교육제도를 고쳐서라도 유능한 학생들이 법대나 상대보다는 기초과학 분야로 진출하도록 유도해야한다. 우리의 생존을 위해 한국판 빌게이츠나 손정의 같은 인물이 배출될 수 있도록 제도와 체제를 정비하고 과학자와 기술자들을 우대하고 존경하는 사회풍토를 조성하겠다.

마지막으로, 나는 국민에게 꿈과 희망을 주는 장기 국가비전을 제시하고 지연, 학연을 철저히 배제하고 국가대표 축구선수를 선발했던 거스 히딩크식 공평한 인사를 단행해 지역의 벽을 허물고 능력있는 사람이 대우받는 신바람나는 사회를 만들겠다. 역대정권에서 거의 예외없이 대통령의 아들이나 친인척들이 이권과 부정에 개입해 나라의 기강을 엉망으로 추락시켰다. 적어도 내 임기 중에는 돈을 챙기거나 아들이나 친인척이 국정을 농단하는 일이 절대로 없도록 할 것이며 공사 간에 솔선수범해서 위대한 대한민국을 건설하는 데 신명을 바치겠다.

(2002. 12. 9. 동아일보)

35
국민역량 결집만이 위기극복이 가능하다

요즘 김대중 대통령당선자에게 바라는 국민의 소리가 매일 신문 지면을 장식하고 있다. 물론 '국가부도'에서 탈출하기 위해서는 대통령의 지도력이 가장 중요하다. 그러나 이 같은 국가의 총체적 위기상황에서는 국민들의 적극적인 참여 없이는 위기극복은 불가능하다. 미국의 고(故)존 F 케네디 대통령의 취임사에서처럼 지금이야말로 '국가가 나를위해 무엇을 해 줄 것인가'를 요구하기 전에 '국민들이 나라를 위해 무엇을 할 것인가'를 숙고할 시점이라 생각한다.

우리와는 반대로 요즘 대만을 비롯한 중화경제권은 세계최대의 외화보유국가로 자리매김함으로써 우리와 극명한 대조를 보이고 있다. 특히 한때 우리와 무역경쟁국이었던 대만의 경우, 오늘날의 국부가 결코 기적이 아니라 근검절약을 바탕으로 한 내실위주의 경경과 생활태도에서 비롯된 것이다.

70연대 말 내가 가정용품 수출업무를 담당하고 있을 때 경쟁업체 조사차 대만을 방문한 적이 있었다. 당시 공항에 마중나온 경쟁회사의 사장이 차를 손수 몰고 나왔다는 말을 듣고 큰 충격을 받았다. 게다가 공항에서 바로 찾아간 그의 사장실은 공장의 한 구석을 막아 소박한 집기들로 꾸민 것이 전부였다. 그의 부인은 직접 그곳에서 비서·경리 잔심부름까지 도맡아하고 있었다.

지금이야말로 우리 기업들이 대만 기업처럼 모든 경영부분에서 한계상황까지 절약해야만 냉엄한 승부의 세계에서 살아남을 수 있다는 것을 인식해야 한다.

중화경제권 국가들이 착실하게 부를 쌓아가는 동안에 우리 기업들은 허세와 낭비에 졸부근성까지 발휘하면서 세계의 사치시장을 누볐다. 사치와 허세는 너무나 가혹한 결과로 나타났지만 이제부터라도 졸부근성과 허세를 버리고 조상들의 자린고비 정신으로 돌아가는 혁명적 의식전환이 급선무라 하겠다.

나라가 위기에 처할수록 우리는 권리를 내세우기 전에 먼저 자기의 책무를 다해야 할 것이다. 그 동안 대통령을 비롯 정부, 기업, 학계, 언론계 등이 자기의 몫을 제대로 해 냈더라면 나라의 살림이 이 지경이 되지는 않았을 것이다. 한 달 전까지만 해도 정부는 물론 그 많은 관계기관들조차 이러한 파국을 사전에 예측하거나 경고해서 국민들의 협조를 요구하지 않았다.

이 문제에 관한 한 대통령을 비롯한 정부여당의 책임이 가장 크다고 할 수 있지만 그렇다고 해서 우리 모두가 이 문제에 완전히 면책되거나 자유로울 수 없다. 금융실명제만 하더라도 도입당시 그 이상과 명분에 압도된 나머지 실행에 따른 부작용에 대해서 대부분의 관계자들은 침묵함으로써 오늘날 국가부도 위기의 한 원인으로 작용했다. 국가의 미래를 내다볼 줄 알고 나라를 걱정하는 정부당국자나 기관이라면 돌팔매를 맞을 것을 각오하고 그 부작용을 항변했어야 할 일이었다.

앞으로 언론계와 각종 연구기관의 종사자들은 정부의 정책에 대해 소신있게 자기주장을 끝까지 밝히는 용기와 조기경보체제의 확립이 필요하다. 한편 경제위기 타개를 위해서 지도층과 부유층의 솔선수범이 어느 때보다 절실하다. 얼마전 부인회의 한 간부가 서울역전에서 근검절약 및 국산품애용 가두캠페인을 하면서 외제명품을 입고 설치다가 시민들에게 봉변을 당할 뻔 했다는 말을 들었다.

이러한 일들은 일반서민의 눈에 비친 우리 지도층의 모습이 말로는 애국을 외치지만 실제로는 그렇지 못하다는 인식을 반영한 것이라 할 수 있다. 지도층과 부유층이 고급외제포도주에 외국원정 도박을 즐기고 외제생필품 사재기와 환투기를 하는 한 일반서민들의 좌절감과 적대감은 사라지지 않을 것이며 국민적 단합을 통한 위기극복이란 불가능하다.

서양의 귀족이나 지도층이 사회적 존경을 받는 것은 국가가 위기에 처했을 때 이들이 앞장서서 자기를 희생했기 때문이다. 아르헨티나와 영국이 섬 하나를 놓고 벌린 전쟁, 포클랜드전쟁 당시에 영국의 앤드루 왕자가 솔선해 해군함정에 승선, 해군을 진두지휘했던 사실을 우리는 기억하고 있다.

따라서 국가가 위기상황인 이 시점에서 지도층이 먼저 절약과 내핍, 국산품애용운동에 앞장서야 할 것이다. 또한 국제사회가 인정할 수 있도록 투명하고 정직한 사회분위기를 조성해야한다.

이번 국가부도의 원인은 바로 우리나라의 정부, 기업, 개인 할 것 없이 투명성면에서 외국의 불신을 산 데서 비롯되었다. 과거와는 달리 지식정보화시대에 인터넷이 판을 치는 지금 우리의 모든 사정을 외국 사람들이 거울처럼 들여다 보고 있다. 그러나 우리는 이러한 변화된 시점에서도 과거처럼 대처하다가 정보력에서 앞선 외국기업과 국가들이 선수를 치는 바람에 국가부도 위기를 자초하게 된 것이다.

지금부터라도 우리는 국가나 기업, 개인에 이르기까지 모든 정보를 사실에 입각해 투명하게 작성해서 지구촌시대에 대비해야 할 것이다. 나라가 망하면 너와 내가 없다. 가진 자도 못가진자도 없다. 우리 모두가 망하는 것이다. 우리는 6·25전쟁의 폐허를 맨주먹과 '하면 된다'는 정신력 하나로 한강의 기적을 이룩해낸 저력있는 민족이다. 지금이야말로 다시 한번 세계를 놀라도록 제2의 한강의 기적을 창조하는데 온 국민의 힘을 모을 때이다.

(1997. 12. 29. 매일경제, 분석과 전망)

36
차기 대통령이 해야 할 과제

　불과 30년 동안에 국민소득 1만 불, OECD가입, 교역규모 세계 11위 등 한강의 기적을 창조하고 세계적으로 칭송을 받던 우리나라가 지난 11월 IMF에 구제 금융을 요청함으로써 온 국민은 분노와 허탈 속에 빠져있다. 사실상 국제기구의 경제신탁통치를 받고 있는 이 와중에도 우리나라는 차기대통령을 선출하기 위한 선거전이 불꽃을 튀고 있다. 우선 차기대통령당선자는 취임전이라도 경제파탄으로 표류하고 있는 경제주체들의 심리적 안정을 회복, 경제적 독립을 되찾는데 국정의 최우선을 두고 뛰어야 하겠지만 이밖에도 취임과 동시에 해결해야 할 시급한 과제들이 산적해 있다.

　첫째, 대통령은 통치철학과 비전을 제시해야 한다.

　대통령은 온 국민의 에너지를 결집할 수 있는 통치철학과 국민에게 꿈과 희망을 주는 비전을 제시해야 한다. 지금 국민들은 심한 좌절감에 사로잡혀 매사에 자신감과 의욕을 잃었다. 가장 급선무는 이러한 패배주의에 사로잡힌 국민들에게 미래에 대한 희망을 불어넣어 국민들을 다시 뛰게 하는 것이다. 한마디로 국민들에게 신바람을 불러 일으켜야 한다. 내일에 대한 기대가 있을 때 국민들은 오늘의 고통을 인내하며 동참할 수 있다. 과거 박정희 대통령은 국민들에게 "하면 된다", "잘 살아보자"는 비전으로 우리의 잠재력을 폭발시켜 국가발전의 원동력으로 활용했던 일을 우리는 기억하고 있다. 차기 대통령은 역사적으로 통치철학과 비전을 제시하지 못하고 오만과 부정부패로 또는 오로지 인기영합위주의 국정운영으로 나라를 망친 필리핀의 마르코스와, 아르헨티나의 페론의 실패를 교훈으로 삼아야 한다.

둘째, 국가원수의 솔선수범이다.

외국과는 달리 우리나라는 국가지도자 대통령 한사람의 통치행태와 처신에 따라 국가의 정치, 경제, 국민들의 의식, 생활태도까지 지대한 영향력을 받는 나라이다. 무엇보다 대통령이 국정운영에 있어서 투명성을 바탕으로 매사에 솔선수범하면 세계 어느 나라보다 강력한 리더십을 발휘할 수 있는 독특한 정치풍토를 지닌 나라이기도 하다. 예컨대 대통령이 어느 특정 국산품을 애용한다는 소문이 나면 공직자들로부터 기업가, 국민에 이르기까지 그 국산품 사용이 붐을 일으키는 특이한 국가이다.

따라서 우리나라는 국가원수를 필두로 사회지도층이 근검절약을 솔선수범하면 오늘의 국가부도사태의 해결은 물론 또다시 경제기적도 창조할 수 있는 저력을 가지고 있다. 제5공화국 때 전두환 대통령이 값싼 국산시계를 애용하기 시작하자 공직자를 비롯하여 많은 국민들이 외제대신 국산시계를 즐겨찼던 일이 그 좋은 예이다. 그러나 평소 국가원수인 대통령의 언행이 일치하지 않거나 사회지도층이 과소비와 졸부행세를 계속하면서 서민들에게만 내핍을 강요할 경우 우리 국민들은 정반대의 방향으로 치닫는다는 사실을 명심해야 할 것이다.

셋째, 기초질서의 확립이 시급하다.

우리사회의 모든 부분에서 기초와 질서가 무너졌다. 가정, 직장, 공직사회에 이르기까지 상하, 수평적으로 질서와 기강이 파괴되었다. 또한 사회적으로는 통행규칙, 환경미화, 경기장질서, 어느 것 하나 지켜지지 않은 채 무질서가 판을 치고 있다. 기초질서가 무너지면 법이 기능을 발휘할 수 없고 국민들은 일상생활에서 불편을 느끼게 된다.

고급승용차가 고속도로의 갓길을 달리는 것이 예사이고 장난으로 우체통에 불씨가 남은 담배꽁초를 집어넣는 일까지 발생하고 있다. 이런 상황에서 대통령은 무엇보다 먼저 국민이 국가공권력을 신뢰할 수 있도록 기초질서 확립에 특단의 조치를 취해야 할 것이다.

가장 초보적인 기초질서의 출발은 국가의 통계자료이다. 현재 우리국민들은 물론 외국인들도 우리정부의 일부 통계자료, 기업의 재무제표, 은행의 부실채권액수 등 기초통계를 믿지 않는 사람이 많은 것 같다. 통계는 대내적으로 국가의 모든 계획수립에, 대외적으로 국제신인도를 측정하는 기초이다. 그러나 불행히도 우리의 기초통계에는 거품과 허수가 도사리고 있었다. 과거와는 달리 지금은 지식정보화시대, 국경이 살아진 국제화시대이다. 우리가 당했던 외환위기도 바로 우리 스스로가 자초한 불행이었다. 글로벌 시대에 과거 산업사회 때의 행태를 답습하다가 우리보다 정보력이 한수 앞선 외국투자가들이 투자자금을 일시에 빼 가는 바람에 국가부도를 맞게 된 것이다. 이제 글로벌리제이션시대에서는 정부, 기업, 국민 등 모든 주체들이 투명성을 바탕으로 정직하게 모든 일을 처리하지 않고는 생존할 수 없다는 환경변화를 인식해야 한다. 우리의 실추된 국제적인 신인도를 회복하기 위해서는 통계부터 시작해서 기초적인 일부터 다시 가다듬는 혁명적인 변화가 있어야 할 것이다.

넷째, 주요 국정에 대한 조기경보체제의 확립이다.

이번 국가부도사태는 올 해초 이미 민간연구기관들이 그 가능성을 예견하고 정부당국에 사전경고를 했음에도 불구하고 정부당국자가 이를 묵살함으로써 빚어진 비극이라고 한다. 우리나라는 외국과 달리 지정학적 특성 때문에 경제부문뿐만 아니라 안보, 환경 등 부문에서도 유사한 사태가 발생할 가능성이 많은 특수한 국가이다. 특히 외부로부터의 침략 같은 국가위기상황은 물론 수질오염으로 물을 전혀 마실 수 없는 비상사태가 발생할 가능성도 지니고 있는 나라이다. 따라서 이번 외환위기라는 실패를 거울삼아 대통령은 이러한 국가의 주요국정 특히 안보, 경제, 환경부문 등에 대한 조기경보체제를 확립, 위기에서 국가를 보위할 수 있도록 정부의 조직과 체제를 완비해야 할 것이다.

(1997. 11. 27. 매일경제)

37
한국적 리더십의 원천은 솔선수범에서

몇 년 전 국제회의 참석차 스웨덴의 스톡홀름을 방문했을 때의 일이다. 마침 일요일이라 친구와 함께 시내관광을 위해 한 톨게이트를 통과하게 되었는데 친구가 앞차를 유심히 보라고 했다. 한 장년신사가 손수운전을 하면서 통행요금을 내는 장면이 포착되었다. 너무나 평범한 사실에 나는 왜 그러냐고 친구에게 물었다. 친구의 대답이 저분이 스웨덴의 현직 총리란다. 권위주의에 오랫동안 길들여진 한국인인 나는 정말 놀라지 않을 수 없었다. 한 나라의 수상이 경호차량 한대없이 손수 운전하면서 통행료를 내는 장면은 충격이었다. 과연 우리사회에서는 언제 저런 모습을 볼 수 있을까 오래 동안 생각에 잠겼다.

불행히도 우리나라에서는 힘 있는 자, 돈 있는 사람들은 치외 법권을 누리면서 솔선수범과는 거리가 먼 행태를 보이고 있다.

기업을 경영하거나 어떤 조직의 장을 경험해본 사람이라면 작게는 종업원을, 크게는 국민을 다루기가 엄청나게 힘들다는 사실을 절감했으리라 믿는다. 세계의 최강국 미국을 다스리는 데는 돈과 질서로, 일본은 "오야붕" "꼬붕"으로 짜여진 인간관계로, 중동국가들은 회교라는 종교로 나라를 이끌어가고 있다.

그러나 우리나라는 단일민족에다 통일된 종교도 없고 한사람 건너면 모두가 동창, 동향, 친·인척이라 외국과는 달리 지도자의 카리스마적 권위가 생성되기가 어렵다. 누구나 쉽게 밑천을 알 수 있기 때문이다.

우리사회의 시작이라 할 수 있는 농촌의 경우 거의가 씨족사회로 형성되어 있어 다른 사람과의 경쟁이란 바로 남이 아닌 사촌들 간의 경쟁에서 출발했다. 우리 국민들은 지연·혈연으로 얽혀있어 상대를 너무나 잘 알고 있고 성장과정까지 지켜보아 왔기 때문에 현재 누가 어떤 지위에 올라 있더라도 그를 현실대로 인정해 주려하지 않고 평가에 인색하다. 비록 친척이나 동창생 중에 한 사람이 재벌의 총수가 되었을 경우라도 그 옛날 어렸을 때의 과거사를 들추어 가면서 비하하기 일쑤다.

지금도 중·고 동창회에 가보면 파장에 만취한 친구들 중에는 성공한 동창생의 30여년 전 중학교 때 성적을 거론하며 친구를 평가 절하하면서 주정을 부리는 모습을 볼 수 있다. 외국의 경우는 모든 분야에서 성공한 인물들을 현재를 기준으로 인정해주고 존경까지

한다. 그 분야에서 성공했다는 것은 그의 피나는 노력의 결과라는 사실을 공인해준다.

그러나 우리나라의 경우 사람을 뛰게 하는데 외국에서 통하는 인센티브, 법과 규정 등 모든 수단과 방법을 다 동원해도 쉽사리 사람을 움직일 수 없다. 그러나 단 한 가지 예외가 있다. 회사든 국가든 조직의 지도자가 팔을 걷어붙이고 부하보다 한발 앞서 솔선수범하면서 신바람을 불러일으키면 우리국민들은 어느 나라도 따를 수 없는 무서운 추진력과 잠재력을 발휘한다.

박대통령이 앞장섰던 새마을운동, 88올림픽 때의 국민의 단합과 질서의식, 전직 대통령의 값싼 시계보급사례 등이 모델케이스이다.

따라서 나는 한국적 리더십의 핵심은 돈, 규정, 벌금, 인센티브 등으로 사람을 움직이는 서양식 처방과 경영원리가 아닌 바로 우리풍토 특유의 지도자의 솔선수범에서 찾아야 한다고 확신한다. 지도자가 모든 것을 벗어 던지고 앞장서면 부하는 무조건 따르게 되어있다. 나는 당면한 우리나라의 위기국면도 대통령을 비롯한 사회지도층 인사들이 솔선수범하면서 자기희생을 바탕으로 신바람을 불러일으키면 무난히 극복할 수 있으리라 생각한다.

(1997. 6. 9. 매일경제)

38
히딩크 동상, 월드컵광장, 거리응원 축제

　월드컵이 끝나자 우리 국민들은 앞으로 무슨 재미로 사느냐며 허탈해 하고 있다. 지금 우리에게는 단군이래 처음으로 폭발한 우리 국민의 환희와 열정을 어떻게 해야 국가발전의 원동력으로 승화시킬 수 있느냐가 큰 과제로 등장했다. 우리는 시급히 이 주체할 수 없는 국민의 열기를 좋은 방향으로 분출할 수 있도록 묘책을 찾아내어 길을 터 주어야 계속 살맛나는 세상이 될 것 같다. 이 기회에 필자는 포스트 월드컵 과제로 단기계획과 장기계획으로 나누어 제시하고자 한다.

　단기계획으로는 우선 당장 활화산 같은 국민의 열정이 식지 않도록 "붉은 악마"응원의 발상지인 세종로 중심의 거리축제를 계속 정기적으로 벌이는 일이다. 먼저 이 구역에 동일규격, 세련된 디자인의 대형 전광판을 요소요소에 질서 있게 재배치하자. 그리고 7월부터 12월까지 6개월 동안 매월 3째주 금요일 오후 5시부터 밤늦게 까지 이곳에서 현재 기왕 방송3사에서 인기리에 방송하고 있는 프로그램 중 예컨대 열린 음악회, 가요무대, 전국노래자랑, 또는 마당놀이, 국악한마당 등의 프로그램을 길거리 현장으로 옮겨 판을 벌리고 후반에는 오! 필승 코리아, 대~한 민국으로 끝을 맺으면 좋을 것 같다. 한편으로는 K리그를 업그레이드해서 관중들이 그 곳에서 열정을 불태울 수 있도록 하는 방안도 강구해야 할 것이다.

장기계획으로는 세계초유의 길거리 응원으로 우리 민족의 열정과 저력이 유감없이 발휘된 월드컵의 성과를 영원히 기리기 위해 첫째, "붉은 악마" 응원의 메카인 광화문과 시청광장일대를 한국형 도시축제의 장으로 만들어 관광 자원화하자. 우선 일정 구역을 설정해서 명칭을 "월드컵거리", "월드컵광장" 혹은 "히딩크광장"으로 명칭을 붙이자. 이 전 구역의 도로, 가로수, 가로등, 도로포장은 물론 주위건물의 색상, 간판, 심지어 디자인까지 전통적인 한국형으로나 혹은 서구의 모범적인 광장을 벤치마킹해서 새롭게 단장, 세계의 명소다운 축제의 광장으로 만들어 외국인들의 시티투어 코스에 넣자.

둘째, 이 세종로의 적당한 위치에 히딩크 감독의 동상을 건립하고 주변에는 이번 월드컵의 영웅들인 선수, 코치, 지원단들의 족적(발 도장)을 동판으로 만들어 영구부착하자. 필요하면 이번 월드컵에서 명성을 떨친 외국 스타들의 족적도 포함시키자.

셋째, 이 구역의 일정면적을 할애, 소형 월드컵 기념관을 세우자. 이 기념관에는 영상관을 만들어 그 날의 응원열기를 현장에서 느낄 수 있도록 영상물을 계속 상영해서 외국관광객들에게는 당시에 분출했던 한국인의 열정과 환희를 보여주고 우리 국민들에게는 그 날의 감격을 영원히 기억하고 느낄 수 있도록 하자.

넷째, 기념관에는 월드컵 기간 동안에 TV등 매스컴에 등장했던 모든 장면을 치밀하게 분석, 이중에서 특이한 디자인의 복장, 응원기구, 보디페인팅 등의 영상을 골라 그 중에서 좋은 것을 밀랍 인형으로 제작해서 전시하자.

다섯째, 우리가 4강에 진출했던 그 날을 해마다 월드컵축제 혹은 국민축제의 날로 제정, 특별한 축제문화가 없는 우리나라에 독특한 국민축제로 발전시키자. 세계적인 관광 상품으로 자리 잡은 브라질의 리우축제를 참고해서 그 날 축제에는 거리응원의 특색을 살리기 위해 세계 각 국의 축구응원단, 예컨대 일본의 울트라 닛뽄, 중국의 추미 그리고 남미와 유럽의 축구응원단 등을 초청해서 축제를 열자. 여기에 우리나라의 대학 대항 응원경진대회, 응원복패션쇼, 분장패션쇼 등을 곁들이면 더욱 효과적일 것으로 생각된다.

(2002. 7. 4. 내외경제)

39

2002년 월드컵을 이벤트로 삼아 강력한 기초질서운동을 전개, 현재의 국면을 전환하자!

Ⅰ. 서 론

현 국민의 정부가 지난 2년간 IMF체제를 극복하고, 한반도 주변 4대강국에 대해 성공적으로 외교성과를 올리는 등 괄목할 만한 일들을 성취하였음에도 불구하고, 이에 대한 대국민 홍보 정책이 실패한데다 옷 로비 사건 등 일련의 사소한 사건을 미숙하게 처리함으로서 정권의 지지기반인 서민층의 지지를 잃는 결과를 초래하였다.

막연하고 추상적인 캠페인성 관 중심 운동인 제2건국 운동으로 막대한 예산과 시간이 들어갔음에도 불구, 대다수의 국민들은 이 운동의 개념조차 인식하지 못하고 있다.

과거 정부의 정책추진 세력이었던 공무원들도 손을 놓고 있는 형편이며 국민들도 현 정부가 무엇을 하고 있는지 전혀 실감하지 못하고 있는 실정이다.

과거의 정권은 "새마을운동", "88올림픽을 잘 치르자"하는 구체적이고 피부에 와닿는 이벤트를 범국민운동으로 승화시켜 내부적으로는 국민의 마음을 하나로 묶는데 성공하였으며 대외적으로는 한국의 이미지를 세계적으로 고양시킴으로서 "한국은 선진국 수준의 문화국가", "한국 상품의 질은 우수하다"는 인식을 세계인에게 심어주어 코리아를 알리는데 성공하였다.

이러한 이벤트는 대중적인 홍보를 바탕으로 국민가요 등을 탄생시켰고 사회분위기와 국민들의 사기를 고취시키는데 일조한 바 있다.

예컨대 박대통령 시대에 새마을운동(새마을 노래), 노대통령 시대에 88올림픽(손에 손잡고)등이 있는데 이러한 이벤트는 대중 국민가요와 맞물려 국민들에게 매우 좋은 호응을 얻었다.

특이하게도 김영삼대통령 정권 때는 이러한 이벤트성 정책이나 국민가요가 전혀 없었던점에 주목해야 한다.

따라서 현재의 정치적 위기를 극복하고 국민들에게 내일에 대한 꿈과 희망을 심어 주기 위해서 정부는

• 쉽고
• 간단하고

- 가시적이고
- 국민의 피부에 와 닿는

이벤트성 정책을 펼쳐서 국민들에게 현 정부가 "무엇인가 하고 있다"는 것을 보여주면서 국민의 동참을 호소, 국민여론을 순화시키고, 기존의 지지기반을 재구축하는 것이 시급한 과제라고 사료된다. 이러한 특별한 이벤트성 정책을 통해 현재 온통 정치와 사회문제에 집중되어 여론을 악화시키고 있는 국민들의 시선을 분산시킬 수도 있을 것이다.

현재 우리는 국민의 마음을 하나로 모을 수 있는 매우 좋은 이벤트가 될 수 있는 〈2002년 월드컵〉행사를 앞두고 있다. 본 행사는 인류최대의 축제인데다, 축구라는 것은 남녀노소를 가리지 않고 누구나 열광하는 스포츠이므로 월드컵의 성공적인 개최를 범국민적 과업으로 잘만 활용한다면 현 정권의 우수한 성과로 남길 수 있는 기회가 될 수 있을 것이다.

II. 본 론

우리가 본 정책의 모토로 내세워야 할 것은,

- 월드컵을 일본보다 한 차원 높게 치루어 일본을 압도하자.

- 월드컵을 88올림픽보다 더 훌륭하게 개최하여 선진국으로 도약하자.
- 월드컵을 잘 치루면 국가이미지가 향상, 한국은 선진국으로 진입하고 한국 상품은 선진국상품들과 경쟁할 수 있는 수준으로 올라 간다.

등으로 국민들에게 대대적으로 홍보, 국민들의 마음을 한 곳으로 모으기 위해 강력한 범국민 기초질서운동을 전개한다.

1. 거리질서
- 좌측통행
- 간판정비(자극 심한 글 사용금지, 간판크기 규제, 한 상점 당 간판개수 규제)
- 도로포장, 맨홀의 완벽화
- 공공화장실 청소
- 공항, 쇼핑센터, 백화점 등 다수의 외국인들이 드나드는 곳의 정비
- 구걸행위자, 거리 노숙자 규제
- 담배꽁초투기, 무단횡단, 거리에 침 뱉는 것 단속

2. 교통질서
- 택시서비스의 개선

- 택시는 외국인이 공항에서 내렸을 때 가장 먼저 만나는 한국인으로서 기사의 정결한 복장상태나 정확한 요금의 측정, 깨끗한 차량청소상태, 친절한 서비스 등으로 좋은 인상을 주어야 함.
- 대형 승용차, 고가의 외제차 우선단속
  - 민심을 다스리기 위해서는 힘 있는 자, 가진 자들의 솔선수범이 급선무
- 지하철내의 잡상인, 장애인 구걸행위 단속
- 공공 교통 시설 내에서의 핸드폰 사용 규제

3. 환경질서
- 거리청소의 완벽화
- 쓰레기무단투기 철저 단속
- 혼잡한 도로상 잡상인들의 상행위 단속
- 상점 외부로 상품 전시 단속

이와 같이 구체적이고 국민의 피부에 와 닿는 운동을 전개함으로써 정부가 무언가 일을 하고 있다는 사실을 국민이 실질적으로 느낄 수 있게 한다.

이를 통해 국민의 역량과 저력을 한 곳에 집중시킴으로서 가정에서나 직장에서나 불필요한 불평이나 불만의 목소리를 내기보다

는 신바람이 나는 사회분위기를 조성한다.

이렇게 한다면 공무원의 기강 확립을 시작으로 사회 각계각층의 부정과 부패도 감소할 것으로 예상된다.

■ 본 운동을 전개하기 위한 구체적인 사전조치

　1. 과거 88올림픽의 성공에 따른 한국의 위상변화를 다큐멘터리 특집으로 다루어 국민들의 추억을 환기시키고 우리 국민의 우수성과 결집력을 되새기도록 한다.

　2. 현재 우리 사회 곳곳에 드러나 있는 기초질서파괴현장(무단횡단, 쓰레기·담배꽁초투기, 더러운 공중화장실, 무질서한 간판들, 쓰레기가 쌓여있는 건물의 옥상, 도로를 점령한 상품, 공항의 무질서, 지방도시의 무질서한 입간판 등)을 TV를 통해 고발하고 이에 대해 한국을 방문한 외국인들의 적나라한 비판의 목소리를 보도한다.

　3. 2002년 월드컵 잔치를 벌려놓고서도 "돈은 일본이 먹고", "잔치준비는 우리가"하는 식으로 되어버려 결국 세계인의 행사에 우리는 들러리만 되고 있는 냉정한 현실을 일본과 비교하여 특집으로 다루어 국민의 관심을 유발시킨다.

• 일본의 경기장 준비 상황 취재
• 일본 공항의 모습과 공항 직원들의 친절한 모습 취재
• 일본의 항공사, 택시나 버스 기사의 모습 취재

- 일본의 백화점, 호텔의 서비스업의 현재모습 취재
- 일본의 종합적인 월드컵 준비 상황을 취재하고, 2002년 월드컵에 대한 일본 국민들의 관심도를 인터뷰
- 월드컵 붐 조성을 위한 국민적 분위기 고취를 위해 각종 이벤트나 공모전 실시
  - 월드컵 노래 공모
  - 초·중·고생 글짓기
  - 대학생·대학원생 논문공모(월드컵마케팅을 위한)
  - 구호공모
  - 자원봉사자 모집, 교육실시
  - 대학생·대학원생 일본 연수

Ⅲ. 결 론

위와 같은 일련의 언론의 홍보를 통해 우리 국민에게 일본과의 경쟁 심리를 자극하여 전 국민의 역량을 국가적인 행사인 월드컵에 집중시킴으로서 현재 침체되고 가라앉아 있는 사회 분위기를 상승시키고 정부에 대한 국민의 불만을 불식시키는 계기로 삼아야 할 것이다.

40

우리나라를 선진국(先進國)으로
도약시키기 위한 정책아이디어 종합

국가원수(國家元首)가 할 일

새 대통령은 5년간 나라를 이끌어갈 국정철학을 명백히 천명하고 국민들의 적극적인 지원을 받아야 한다. 당면한 양극화해소, 경제민주화, 청년실업해소, 권력기관의 치외법권과 부정부패의 척결을 통해 이땅에 모두가 행복할 수 있는 진정한 자유민주의 국가를 건설하여야 한다. 이를 위해

▷ 대한민국의 정통성에 도전하고 그 역사를 폄하하는 활동을 하는 단체에 대한 지원을 즉각 중단한다.
▷ 우리의 2세들을 위해 특정이념 지향적으로 따라 만들어진 왜곡된 일부교과서를 바로 잡는 작업에 즉각 착수해야 한다.

▷ 현재 낡은 이념을 바탕으로 편파방송을 일삼고 있는 일부 공중파방송 인터넷방송 등 방송매체를 정상화해야 한다.

▷ 북한의 대남 선전 선동을 차단하고 간첩단을 색출하고 자유를 찾아 탈북 한 탈북자들을 활용해서 북한의 실상을 적나라하게 국민들에게 홍보해야 한다.

▷ 법의 권위를 회복하고 누구에게나 예외 없이 법을 강력하게 집행하여 국가의 권위를 회복해야 한다.

과거 검찰소환에 불응했던 문화방송의 광우병관련 PD, 선거법 위반 정치인, 부정부패에 연루된 전권실세.

- 국가원수의 일거수일투족은 온 국민의 지대한 관심사항이며 솔선수범은 엄청난 파급효과를 가져온다.
- 대통령이 솔선수범해서 특정 국산품을 애용하면 국민이 애용하게 되고 해당 상품의 품질은 비약적으로 향상

• 양복, 신발, 구두, 넥타이등 모든 복장 장신구, 청와대 내의 모든 사무용품, 집기, 비품을 국산 최고급품으로 장식 애용할 경우 파급효과는 가히 폭발적으로 파급된다.

〈성공사례〉
• 일본 지도자들의 국산품 애용, 자동차, 가전제품 등 무조건 일제만 사용

- 전두환대통령의 국산시계 애용. 전 공무원들이 사용하기 시작해서 국민들에게 파급

- 새 정부 출범 기념으로 세종로 구 경기도청부지 또는 구 중앙청건물부지에 세계가 놀 랄 만 한 가장 한국적이고 기념비적 건물을 건립한다. 북한의 인민궁전, 중국의 자금성, 파리의 에펠탑 같은 역사에 기록될만한 한국형 건물
- 국민에게 꿈과 희망을 주는 목표와 비전의 제시구체적이고 실감나는 슬로건으로 국민의 저력을 결집해서 온 국민이 함께 뛰도록 할 것

　예: "5년 내에 국민소득 3만 불을 달성하자".

　　"5년 내에 세계7대 강국으로 도약하자".

　　"일본, 중국보다 모든 면에서 한발짝 앞서 가자".
- 대통령은 지향하는 목표를 모든 국민이 피부로 실감할 수 있도록 행동으로 보여주어야 한다. 그 수단으로 청와대에서 행하는 대통령의 조찬, 오찬, 만찬을 이러한 목적을 위해 최대로 활용하면 효과적이다.

이 목표를 실현하기 위한 방법으로
- 국가안보를 강조하기 위해 군 지휘관과 모범용사, 상이용사, 전몰유가족, 독립유공자와 유자녀들을 청와대로 초청, 격려. 우선 제1차로 서해교전 용사와 그 유가족들

- 기초질서 확립과 준법정신함양을 위해 이를 일선에서 맡고 있는 모범경찰과 전경들을 초청, 격려
- 사회정의실현을 위해 남의 재산과 생명을 구하기 위해 희생된 소방관, 사회의인
- 공직사회 기강확립에 기여한 청백리
- 국가경제발전에 기여한 기업인, 수출 공로자
- 과학기술발전에 공을 세운 과학자, 기술자, 연구원
- 사회 각 분야에서 묵묵히 자기 일을 천직으로 알고 전력투구하고 있는 장인, 명인, 생활의 달인 등
- 소외계층을 위해 솔선수범하는 종교인, 자선행위자, 기부자, 자원봉사자
- 국가의 명예를 빛낸 각 분야 인사들, 운동선수, 기술자, 학자, 음악가, 예술가, 언론인
- 농촌에서 실생활과 농업에 필요한 기계나 도구를 발명한 무명의 발명가

- 국가를 위해 자신을 희생한 본인과 그 가족들이 대접받는 나라를 건설해야 한다.
- 전장에서 희생된 전사자 한구의 유해를 찾기 위해 지구 끝까지 찾아가는 미국정부의 노력은 세계를 감동시키고 있다.

- 독립운동 애국열사, 의사(義士), 행불 참전용사의 유골 찾기 운

동을 전개해서 한구의 유해라도 더 찾아 고국 땅에 봉안해야
한다.
- 태평양전쟁 당시 사이판, 팔라우, 동남아 등지에서 전사한 군
  인, 징용자들의 유해, 한국전 당시 격전지, 중국, 러시아 등지
  의 우리 애국 열사들이 독립운동을 전개했던 지역

- 대통령이 예산을 비롯한 경비사용을 절감, 절약하는 모범을 보
  이면 파급효과가 엄청나다. 참고할 만한 국내외 지도자들의 절
  약사례를 소개하면
- 박정희대통령이 청와대에서 물을 절약하기 위해 변기에 벽돌
  한 장을 넣었던 사례
- 한국을 방문한 서독대통령이 호텔 신라에 머물면서 3일 동안
  에 타월 2장만 사용한 기사
- 프란체스카여사가 선물 받은 복숭아의 봉지를 재사용한 사
  건, 이승만대통령이 편지지를 버리지 않고 그대로 이용한 사
  례와 신문지를 이용해서 붓글씨 연습한 일화
- 미국 시스코회사 회장 존 체임버회장, 해외여행시 3등 칸 비
  행기좌석 이용, 사무실에서 컬러프린트를 절대 사용하지 않
  는 절약행위

- 새 대통령이 우리역사에 위대한 대통령으로 기록되기 위해서
  는 임기 중 지향해야 할 이상적인 대통령상을 정립, 그렇게 되

기 위해 전력투구해야…

　예컨대: 대처 영국수상 + 이광요 상가포르수상, 광개토대왕

　　　 + 세종대왕 + 박정희대통령의 장점을 합친 지도자

- 우리 역사상 가장 위대한 광개토대왕, 장보고, 세종대왕, 이순
신, 박정희의 비전과 철학을 국민들에게 주지시켜 강소대국으
로 도약의 계기마련, 이들 위인들의 묘소와 유적지를 성역화해
서 국민들의 존경의 대상이 되도록 대책수립

- 대통령은 아라비아 사막에 기적을 창조한 두바이 지도자의 전
략적 사고를 배워야, 즉 다른 지도자들이 생각하지도 못하는
기발한 사업을 개발하여 아시아 최초, 세계 최초로 시도하는
전략이어야 성공이 가능하다. 무조건 남을 뒤따라 가는 전략은
성공할 수 없다.

- 새 정부 출범과 함께 법의 권위회복, 경찰권확립, 흐트러진 사
회분위기쇄신을 위해 전국적으로 강력한 기초질서운동 전개
한다.먼저 청와대가 솔선해서 법과 질서를 지키는 모범을 보인
다. 동시에 새 정부의 기초질서에 대한 의지를 보이기 위해 시
범 케이스로 초법적 단체로 착각하고 있는 일부 친북단체, 시
민단체, 환경단체, 노조, 교원노조 등의 불법적인 파업이나 단
체행동을 활 경우 시범적으로 단호하게 진압, 그 동안 실추된

공권력의 권위를 회복해야 한다.

- 현재 한반도를 둘러싼 국제적인 환경은 1800년대 말과 비슷한 상황, 외교의 중요성 절실한 시점. 따라서 주변 4대강국의 주재대사는 초대거물급으로(재계 재벌총수, 총리급인사, 노련한 정치가 출신),현재와 같은 실무자적 직업외교관으로 4대강국 대사에 보임해서는 우리의 생존권문제 해결불가능

■ 국가가 지향(指向)해야 할 장기비전
- 표면상으로는 할 수 없으나 은밀하게 정부기관이나 기업내부에서 "일본을 배우자, 따라잡자, 일본을 뛰어 넘자"는 캠페인을 범국민운동으로 전개하자. 모든 분야에서 일본을 앞서면 세계를 재패할 수 있다는 슬로건으로 우리국민들의 가슴을 파고드는 운동을 강력하게 전개한다.즉 일본의 장점인 깨끗하고 아름답게, 깔끔한 마무리, 단결, 자기업무에 최선을 다하는 국민성을 배워야만 일본을 이길 수 있다. 이를 위해 과거 조선조 때 신사유람단 같은 시찰단을 편성, 우리보다 월등하게 앞선 일본의 각 분야에 파고 들어가 이를 벤치마킹해서 우리 것으로 만들어야 한다. 일본은 우리에게 지리적으로 가장 가까우면서도 서양의 모든 제도를 우리보다 먼저 도입, 자국실정에 맞도록 개선하는데 탁월한 재능을 지닌 국가이기 때문이다.

- 동시에 한국이 본받아야 할 분야별 외국 모델국가를 선정, 연구단, 시찰단을 파견해서 배워오기싱가포르 = 질서, 공원화, 개방, 규제의 철폐

  영국 = 청교도정신, 진정한 자본주의, 사회지도층의 솔선수범

  독일 = 준법정신, 장인정신, 기술력

  스위스 = 공원화, 산지의 활용, 자연보호

  핀란드, 아일랜드 = 외자유치, IT산업 등

- 한편으로 우리민족만이 가진 장점을 최대로 살려 선진국도약을 위한 범 국민운동전개신명과 한, 신바람, "개발에 땀났다"는 속담을 활용, 온 국민이 신들린 듯이 뛰도록 분위기를 조성하면 제2의 한강의 기적이 일어날 수 있다.

  예: 월드컵 4강신화의 실현, 88올림픽 때의 국민의 저력의 표출사례

- 이제부터는 모든 것을 원칙대로, 교과서대로 해야 할 시점우리가 국제화 시대에 살아 남기위해서는 이제는 코리안 스탠더드를 버리고 global standard를 채택해야 할 시점. 국가경영, 기업경영의 투명성을 확립하는 등 모든 일을 원칙대로 하지 않고는 선진국 진입이 불가능

■ 반드시 추진해야 할 국책사업

- 인공위성발사

- 원자탄개발

- 고성능미사일개발

- 신무기개발

- 무인항공기

- 태양광발전

- CO_2감소대책

- 로봇산업, 로봇병사

- 에너지자원확보와 절약대책

- 대체 에너지 개발대책

- 첨단의료기기의 개발

- 첨단기술을 실전에 사용할 수 있도록 상용화지원대책

- 기능성섬유

- 무인경전철

- 위험한 터널 폭파 등 분야에 무인현장공사 기계의 개발

- 농촌에도 인력문제를 해결하기 위해 무인농업 시스템개발

- 전국에서 무명연구가, 발명가들을 한자리에 모아, 이들과 대학
  또는 국책연구기관과 합동으로 그들의 우수연구결과를 채택,
  이를 산업화해서 농촌혁명에 활용

- 사법부의 혁신과 개혁, 세계에서 유례가 없는 전관예우제도의
  발본색원

- 검찰의 개혁과 혁신, 유전무죄, 무전유죄라는 국민의 의식불식
- 우리나라의 생존과 직결되면서 한반도 주변을 둘러싸고 있는 미국, 러시아, 중국, 일본 등 "4대강국 연구소"를 설치, 집중적으로 연구해서 생존전략을 수립해야 기업, 대학, 안기부 등에 한나라씩 배정, 종합적, 체계적, 전략적으로 연구해서 대책 마련
- 국제화시대에 대비, 한국의 과학기술을 한 단계 도약시키기 위해 미국의 실리콘 벨리처럼 인종불문, 국적불문 체코, 폴란드 등 동구권과 러시아 과학자들을 우리연구소에 초청, 그들의 두뇌와 아이디어를 활용하는 한편, 미국, 영국, 일본의 노련한 은퇴 기술자를 선별해서 초청, 산업전선에 투입해서 활용하는 방법연구
- 일본의 미래지도자 양성을 위한 마쓰시타 정경의숙(松下政經義塾)같은 엘리트양성 프로그램을 창설, 운영해서 차세대 지도자를 양성할 것박정희, 이병철, 정주영을 모델로 한 차세대 지도자양성 코스
- 가나안 농군학교, 지리산 두레마을 등을 정부가 집중적으로 지원해서 확대개편, 국민정신교육 센터로 활용, 범국민정신개조운동전개. 즉 애국, 효, 질서, 환경, 이웃사랑 등을 집중적으로 교육

■ 전국의 도시를 업그레이드시키기 위한 대책

쉽고, 간단하고, 기초적이고, 가시적인 것부터 하나하나 개선해 나간다.

- 현재는 디자인, 도시미관이 국제경쟁력인 시대
- 서울을 비롯 지방은 간판무법지대로 변모, 특히 서울교외 경기도 지역은 간판 공해지역
- 명동, 남대문시장은 서울의 얼굴, 간판, 건물도색, 질서 등 관광모범지구로 관리
- 선거를 의식해서 불법간판을 방치하는 지자체장에 대해서는 특단의 징계와 제제
- 모든 공중화장실의 청소관리 정기점검 의무화
- 간판의 정비, 정돈, 자극적인 색상사용금지, 글자체개선, 병기한 외국어 제대로 표기
- 하수구, 보도블럭, 도로표면 원칙대로 시공, 철저한 감독점검제
- 도로상의 전화박스, 구두수리센터 등 미관과 보도통행을 방해하는 시설물 점진적 철거
- 도로를 무단 점용하고 있는 상품의 도로상의 점용행위 단속 도로를 점령한 차량, 오토바이, 도로위에 세워진 무질서한 입간판
- 가로수의 철저한 관리, 가로수 전지의 원칙과 기준, 미적 감각 고려한 수형

- 가드레일에 대한 관리, 유치한 디자인으로 된 가드레일 전면교체하거나 철거
- 도로상에 설치되는 모든 시설물의 철저한 사후관리, 관리 불가능한 시설물은 처음부터 설치하지 못하도록 제도적 장치마련, 관리책임제실시
- 서울 대학로의 조잡한 가로분리대 품위 있는 디자인으로 개선
- 교통표지판의 정확한 표기, 방향표시, 설치위치 선정원칙
- 고궁, 관광명소의 중국어, 영어 안내문 수정보완
- 광고탑 등 모든 광고물의 통일화, 표준화
- 가로등, 전주, 가로수, 정류장간판 등에 불법광고물 제거
- 가로에 비치된 쓰레기통의 미려화
- 서민주택, 서민아파트 옥상의 안테나의 정비
- 고층건물에서 보이는 모든 지붕(옥상)의 정리
- 모든 건물 특히 시장, 서민주택, 서민아파트의 엉클어진 전기, 전화선, 통신선 등 전선정비
- 터널의 전등을 정기적으로 교체, 관리
- 보도 불럭의 통일, 개별건물주가 임의로 시공할 수 없도록 규제
- 울퉁불퉁한 보도불럭 보수를 위한 기동수리반 운영
- 집합주택인 아파트의 창틀, 외형을 임의로 개축할 수 없도록 할 것
- 모든 문화재를 철저히 보수, 안내서의 정확한 설명서 및 영문

표기의 완벽화

- 청소를 시민의 의무로 인식시킬 것, 특히 고급주택가의 자기집 주변의 청소를 강제로라도 실시
- 서울시의 모든 공무원들에게 도시는 사후관리를 철저히 해야 한다는 정신교육을 줄기차게 시키고 구청장등 고위관부들은 철저히 확인행정을 실시할 것
- 시내가로공원의 철저한 관리, 싱가포르식의 정원화
- 공무원을 싱가포르, 독일, 화란, 스위스 등에 유학시켜 그들의 특징을 배워오도록 할 것
- 노점상, 거리의 화가, 악사 캐나다의 자격시험제도 도입, 노점 상의 경우 철저한 위생검사 실시, 노점상의 운영자 자산조사 (본인, 배우자, 자녀의 소득을 조사해서 기업형 악질을 색출, 처벌)
- 전화선, 전기선, 상수도, 하수도, 가스배관에 대한 공동구의 설치, 부서간 상호협력체제 확립으로 도로무단 절개금지
- 서울시공무원의 해외 현장시찰, 단시간 내에 비약적으로 발전한 중국 상해, 도시정비의 모델 일본 요코하마 시찰
- 이제는 관리의 시대, 홍수 시 배수지 펌프가 작동하지 않아 망원동 일대 물바다가 된 사례
- 과거 10년간 일어난 각종 대형사건 사고를 종합분류해서 재발 방지를 위한 정책자료로 활용

■ 문화 예술분야

- 국보1호 숭례문의 경관을 해치는 네온사인 등 주변건물의 정리(화재발생 전 아이디어)

- 모든 문화재의 철저한 보수, 복원

    • 서울의 북대문(숙정문), 서대문(돈의문), 혜화문(동소문), 소의문(서소문), 광희문(남소문) 복원

- 민족무술(세계우수무술을 종합한 신무술 도입), 태권도, 택견 등을 재편성, 국제화, 표준화 국기원의 성역화

- 대학로의 조잡한 도로상의 조각철거, 재시공

- 채용신 선생기념마을 성역화

- 씨름의 국제화, 일본 쓰모, 몽고씨름 등을 참조해서 국제적 관광 스포츠로 육성

- 연날리기, 팽이치기, 자치기, 차전놀이, 썰매, 강강술래 부활, 공기놀이, 고무줄놀이, 구슬치기, 딱지치기, 재래식스케이트 등 의식화

- 우리음식의 세계화, 국제화, 음식은 김치찌개, 비빔밥, 불고기, 상추쌈, 삼계탕, 궁중요리식기, 숟가락, 젓가락을 전통미를 살려 개발, 음식 먹는 절차표준화, 예의, 메뉴

- 이를 위해 해외파견 주방장교육, 식재료를 한국에서 현지까지 장거리 운송을 위한 포장개발

- 떡의 현대화

- 한지의 현대화, 세계화

- 프랑스의 치스처럼 젓갈의 국제화
- 우리 전통술 개발, 막걸리, 청주
- 찜질방 보급
- 한복의 예복화, 필리핀의 경우 참고
- 인사동지역, 건물의 색상, 디자인, 간판, 통일정비, 도로포장 및 도로상의 시설물 재시공
- 인사동입구에 전통적인 상징문 건립
- 지방에 산재해 있는 각종 유적지 화석, 공룡터를 개발해서 박물관화
- 서대문형무소, 제암리교회, 독립운동 유적지 성역화, 규모화
- 남한산성 성역화, 관리철저, 관광상품화
- 한옥보존대책, 순 한국식 고층건물 건립
- 국악진흥, 과거의 사례 예그린악단
- 도심요소에 가장 한국적인 대표, 상징적인 건물 건립, 5대 재벌그룹에 의뢰
- 나전칠기 등 전통공예육성, 고소득층이 고객이 되도록 전략수립
- 한방의학을 국책사업으로 본격적인 연구, 중국, 일본을 능가하는 수준으로
- 공영방송의 공 기능 강화, 청취율 높이기 위한 저질 프로그램 엄금. 상업방송과 철저한 차별화. 특히 기초상식도 없는 저질의 출연자 사전조사 출연차단. 방송이 저질 무식자 단합대회장

이 되지 않도록 사전 여과작업 필수. 기초적인 교양과 품위를 지닌 인사들을 선발, 출연케

- 공영방송은 우리와 영원한 경쟁국가인 중국, 일본을 능가할 수 있는 미래지향적이고 국민을 계도하는 프로로 국가발전에 기여하는 내용위주로 편성해야. 국가의 백년대계를 준비하는데 도움이 되는 프로로. 상업성은 철저히 탈피

■ 국민정신, 민족성개조운동(民族性改造運動)

- 청결한 민족이라는 인상을 받도록 범국민운동전개
    • 일본, 싱가포르의 사례참조
- 외국으로 이민 가는 국민들에게도 출발 전에 청결운동을 교육, 한국 사람은 깨끗한 민족이라는 인식을 외국인에게 심어줄 수 있도록 사전교육을 실시하고 교포신문을 통하여 지속적인 홍보활동
- 이스라엘국민의 역사의식을 배우자
    • 누룩 없는 빵, 쓴 풀을 먹으면서 애굽 노예생활을 기억하는 행사. 우리는 일제 36년을 기억하기위한 행사나 6.25를 상기할 행사마저 없는 형편
- 일본자동차 렉서스의 한국시장에서의 약진과 국민의 각성이 필요한 시점, 일본고객들의 외면으로 일본에 진출했던 삼성전자 가전부문이 철수한 사례는 극명한 대조
- 사회지도층인사들의 자녀 병력문제, 탈세, 범법행위, 철저히

체크해서 가진 자, 힘 있는 자가 솔선수범하는 노블레스 오블리주 사회건설. 포클랜드 전쟁시 영국의 앤드류 왕자가 해전에 솔선해서 참전했던 역사적 사실을 상기해야.

■ 관광
- 공항에 도착한 외국인이 처음 만나는 택시부터 서비스개선
  • 일본의 MK회사, 최근의 상하이 택시의 모범사례를 참조, 한국에서도 실시할 것기사의 복장, 차량정비와 청결, 택시 안에 불필요한 부착물 제거, 안전운행, 친절, 기초적인 어학연수 등
  • 공항주변의 건물, 간판, 채색, 청소 등을 특별 관리구역으로 선정, 관리
- 서울의 관문인 서울역주변 정화, 컨테이너박스, 불결한 시설, 노숙자관리
- 공항에서 도심까지 환경미화, 간판, 가로수, 건물의 색상, 청결상태, 안내표지판
- 영문지도, 관광안내책자, 이정표, 화장실개선(세계에서 가장 아름다운 화장실문화 창조)
- 고적안내판점검, 영문, 일문, 중국어 완벽하게 수정 보완
- 무궁화축제
- 한국특유의 영화거리 조성, 돈암동 아리랑고개 일원
- 이태원관광특구의 개선작업, 세련, 품위, 질서, 간판 등 통일

- 한옥마을 이용한 홈스테이, 가회동, 삼청동, 남산한옥마을
- 외국인 관광객을 위한 우리의 전통적인 여관보급, 운당여관
- 우리민족 고유술개발(중국의 마오타이주, 프랑스의 포도주), 북한의 들쭉술 뱀술 등 사례참조, 디자인, 색상, 병모양 등 세련화
- 저명인사들의 생가를 활용한 미니박물관 보급, 작가, 미술가, 음악가, 정치인
- 고속도로, 국도, 나들목지역을 이용한 관광자원 조성. 지역특성을 고려해서 각종 유실수 거리조성, 사과, 배, 감, 대추, 밤, 석류, 모과. 기타 수양버들거리, 벚꽃거리, 산벗거리, 느티나무거리 등 시범거리 만들기
- 외국 환자를 대상으로 한 의료한류(醫療韓流)를 적극적으로 추진, 일찍 의료관광을 시작한 태국 150만 명, 싱가포르 27만 명, 인도 18만 명인 반면 한국을 찾는 관광객 수는 현재 1만 6000명선
- 전국유명사찰, 유원지, 관광지 샘물을 퍼마시는 물바가지를 현재의 플라스틱에서 친환경적인 대나무, 소나무 바가지로 교체, 일본의 현황참조

부정부패 척결운동
- 정치부정
- 선거부정
- 공천부정

- 정경유착
- 재벌부정

　　* 부정상속, 일감 몰아주기, 해외재산도피, 법으로 부터의 치
　　외 법권, 이른바 바지사장을 이용한 탈법행위, 갑을 간 부
　　당거래관행, 체인점 오너의 횡포
- 교육부정, 사립대 부정
- 인터넷부정
- 보이스피싱부정

■ 질서, 안전

- 미국은 성경, 중국은 공자사상, 일본은 신도 + 유교사상, 이스
　라엘은 성경 + 탈무드로 온 국민들을 유치원부터 국민정신교
　육을 실시하고 있는데 현재 우리는 유교도 기독교 등 어느 종
　교를 바탕으로 한 정신교육 전무한 상태
- 특히 일본은 정치 경제인을 상대로 마쓰시타 정경의숙(松下政
　經義塾)을 통해 훌륭한 정치인 경제인을 길러내고 있는데….
- 경노효친(敬老孝親)사상이 살아진지 오래, 버스나 전철에서 노
　약자석에 앉아 노약자에게 자리 양보는 고사하고 스마트폰을
　보는척하고 있는 학생, 젊은이. 엘리베이터에서 내릴 때 노인
　에게 먼저내리라고 양보하는 젊은이 없다.
- 대학에서 교수에게 먼저 인사하는 학생 찾아보기 힘들어. 교수
　가 자기 앞으로 걸어오고 있는 것을 보고도 담배를 피우는 여

학생

- 초중고대학에서 국민윤리교육, 도덕교육 강화, 기초질서부터
 확립이 시급배꽁초, 휴지, 쓰레기투기 엄단, 특히 길 걸으면서
 담배피우는 행위근절

   일본 도야마현(富山 縣) 북 알프스의 "자기가 가져온 쓰레기
   되 가져 가기운동" 참고

- 성폭력, 주취폭력, 학교폭력에 대한 특단의 대책강구

- 대형건축물, 초고층 아파트의 안전대책

- 과거의 성수대교, 삼풍상가, 대연각호텔 화재 및 최근의 태안
 앞바다 기름유출사고, 이천 냉동창고 화재사고, 숭례문화재,
 연이은 고시원 여관화재

- 재난방재를 위한 훈련과 사후관리체제 확립, 일본과 비교해서
 손색없게

   • 교과서식 안전점검을 생활화, 관련 부정불법행위자 엄중
    처벌법규 강화

   • 소방차, 고가사다리, 소방 헬리콥터, 옥상헬기장설치

   • 극장, 백화점, 지하철, 질서

   • 불법개조 아파트의 원상복귀

   • 시장, 공공건물의 전선, 옥상의 가스통 등 위험한 폭발물
    정리 관리감독

   • 축구, 야구 등 각종경기장의 시설관리, 운영

   • 터널내부 설치 소화기, 비상전화기 정기점검의무화

- 지하 룸살롱, 백화점. 병원, 여관, 호텔, 극장, 아파트, 시장 등의 비상구 점검, 소화기의 기능 작동시험, 점검, 비상발전기 정기점검
- 유수지의 배수펌프 정기점검, 과거 망원동 배수펌프 고장으로 망원동 일대 홍수피해 참고

- 질서운동 기초부터 다시 시작하자
  - 가정, 유치원, 초등학교, 중·고·대학에서도 유치할 정도로 실시, 주한미군방송 AFKN의 계도방송 참조

- 우측통행, 남에게 피해를 입히지 않는 언행, 큰소리, 무질서한 행동자제
- 외국여행시 특히 동남아지역에서 졸부행세한 자를 귀국 후 처벌하는 대책수립
- 오토바이 운행질서 확립보험가입, 안전운행, 보도운전 단속, 안전모 착용, 주차단속, 폭주족 근절대책
- 현재 시행되고 있는 모든 제도의 사후관리, 점검실시. 교과서대로 시행되고 있는지 부작용은 없는지 종합적으로 체크. 특히 이권이나 특혜와 연관된 부분을 중심으로 시범적으로 실시해 볼 것, 장애인제도, 국가유공자제도, 농어촌 및 이들에 대한 지원제도, 고아원, 양로원, 정신병원 등 국가의 지원을 받는 시설에 대한 점검. 독거노인, 소년 소녀가장 지원제도, 극빈자 지원

제도에 허점이 없는지 철저히 점검.

- 경찰권에 도전하는 자 엄벌대책, 영미식 경찰권위의 확립
- 비정상적인 것을 정상화하는 작업, 사회의 모든 부분
- 힘 있는 자, 돈 있는 자 사회지도급인사의 질서위반을 우선적으로 철저히 단속

■ 노블레스 오블리주 즉 솔선수범을 실천하도록
- 법 앞에 만민이 평등한 사회 구현
  • 고급자동차의 교통위반, 불법부착물, 지나친 선팅 등
  • 특히 외제차에 대한 단속 최우선으로 일반서민의 교통질서위반과 형평성 유지
  • 갓길주행 벌금강화, 쓰레기 무단투기 엄벌
- 도로무단횡단, 교통위반 등 기초질서 위반자의 철저한 응징, 벌금액의 인상
- 일본사람의 장점인 정리, 정돈, 질서, 훈련, 조용, 실리, 검소(소형위주의 차량, 작은 규모의 주택)배우기, 과장, 허세, 외화내빈, 소음, 무질서 추방운동
- 철저한 질서 확립을 위해 스웨덴 식 비밀 사복경찰관을 동원한 질서단속제도 도입
- 광화문지하도, 종묘주변, 청와대입구의 슬럼가정비, 파고다공원, 명동 코아지역, 남대문시장, 동대문시장 등 세련되게 우선정비

- 동대문운동장 주변지역정비, 특히 잡상인 정리
- 상습정체 고속도로 및 휴게소의 잡상인단속
- 전철의 질서화, 타고 내리기. 잡상인, 장님의 구걸행위단속
- 형식적인 현재의 민방위의 날을 환경과 안전의 날로 고쳐 내실 있게 캠페인과 훈련실시
- 농촌의 경운기, 트랙터, 등 이동수단의 후미등 및 경광등 설치 의무화

■ 외교(外交), 교민정책(僑民政策)
- 미, 중, 러시아, 일본 등 4대강국을 대상으로 한 원로거물급인사로 막후 채널 구축
  과거의 김성곤, 이원경, 이동원 등 인사와 같은 인물, 현재의 남덕우, 박태준
- 해외교포 500만 시대, 이들이 한류의 원천이요 수출의 창구. 교포네트워크 특히 한상의 네트워크 구축은 우리경제에 지대한 도움이 된다. 교민청수준의 관리 기구를 정부내에 설치 해야 할 시점. 중국화상과 이스라엘 교민관리상황을 참고해서 대책마련이 시급함.
- 중국, 인도인에 대한 입국심사강화, 이들이 쉽게 입국할 수 있을 경우 장차 엄청난 부작용 예상된다. 과거 소수의 화교들이 우리나라경제 장악 경험, 이를 사전에 견제하지 않으면 현재의 동남아시아처럼 될 우려.

- 중국과 일본의 도발을 막는 방법은 굳건한 한미동맹으로
- 해외독립유공자 가족의 생계대책수립
- 해외 우리 동포의 청결, 정돈, 한국인의 긍지 살리는 환경개선, 미화운동전개 시급
- 교민에 대한 혁신적인 교육대책수립, 북한의 조총련에 대한 민족교육 참고
- 미국교민들의 실상을 보면…
  • 교민들이 한국변호사보다 중국변호사를 선호하는 형편, 한국변호사 불신의 결과
  • 중국음식점에 중국인이 가면 최고고객으로 대접받는 반면 한국음식점은 한국인 고객을 무시하고 외국인만을 환영
  • 상당수 교포들이 탈세, 거짓말을 일삼아 해당 지역사회에서 존경을 받지 못함
  • 교민들의 결집력이 결여돼 현재 교포가 해외에 4백만 명이 살면서도 미국 등 외국에서 정치적 경제적 영향력을 발휘하지 못하고 있으며 해당국가의 정치인이나 사회단체에서도 전혀 한국교민에 대해서는 신경을 쓰지 않음
  • 대부분의 현지 대사관은 교민에 무관심, 교민실태파악은 물론 교민보호에는 거의 무관심, 대사관 직원들은 현지 유력교포 특히 돈 많은 교포나 국내에 정계실력자와 연고가 있는 교민들만 골라 친교 하는 실정. 반면 현지 일

본대사관관의 일본교민에 대한 관리와 애정은 경이적임.
자세면에서 극명하게 대조적

- 우즈베키스탄의 카레이 스키의 무국적 문제해결을 위한 대책
- 동남아출신 외국신부 입국시 검증제도수립, 한국 신랑에 대한 검증제도도 실시. 특히 신랑의 전과, 도박, 알코르중독 여부. 폭력전과 여부 등을 철저히 검증. 혐 한류방지 대책 수립 후진국 출신 신부를 대상으로 하는 결혼전문회사 자격인증제 실시
- 한국어학과가 개설된 세계 각국 대학 및 교육기관에 표준적인 국어교과서, 한글사전 등을 제작해서 배포하고 인도, 중국, 아프리카 대표국, 동남아, 남미의 대표국가에는 국비로 한국인 교사를 파견해서 한글교육을 실시해서 한류조성 및 친선관계 증진. 동시에 정부는 한국의 출판사와 협조, 우리나라 서적을 해당국 대학도서관 등 책을 필요로 하는 기관에 대량으로 기증해서 한국을 이해하는데 도움이 되도록 할 것
- 대중국전략은 모든 면에서 질로 승부해야 승산이 있다. 현재 비상하고 있는 중국을 상대로 양으로 대결하는 것은 패배를 자초하는 것. 특히 군사면에서는 질 중심의 고성능, 최소정예주의 전략으로 임해야

국책사업의 부당한 지연 방지대책 수립

거대한 국책사업이 도롱뇽 몇 마리, 한 여승의 단식 때문에 중단되는 나라는 세계에서 유래를 찾기 어려울 것으로 판단됨.

- 사패산터널
- 새만금간척사업소송
- 경부고속전철 터널공사 지연 등

- 수조원의 국책사업이 명분상 종교적이유, 환경보호라는 주장 등으로 지연되어 막대한 국고를 낭비한 결과를 초래. 이들의 방해활동을 치밀하게 수사해보면 모종의 음모가 있을 것으로 판단됨. 즉 국가의 이익보다 개인이나 단체의 영향력을 과시하기 위한 것 등
- 따라서 직업적으로 국책사업을 방해해온 사이비 환경단체, 사이비 NGO들의 실태를 철저히 파악 막후실세를 찾아내 범법행위에 대해 응분의 처벌을 해야 함
- 생활의 수단으로 환경운동을 하는 단체, 이권개입을 목적으로 움직이는 수많은 사이비단체를 색출, 진정한 사회단체와 구별해서 발본색원해야 함
- 현재도 신도시건설후보지내에서 보상을 노린 위장전입, 가건물건립, 소유권분할, 깡패들의 행패 댐건설 수몰지구에 논밭개간, 과수심기, 어업권보상을 노린 폐어선 구입 후 위장어업행위 등 불법행위가 극성을 부리고 있음

■ 국방대책(國防政策)
- 일본이 기습적으로 독도를 침략했을 경우를 가상한 방어대책 사전 마련

- 북한정권 붕괴를 대비한 종합적인 대책과 전략 수립
- 중국과의 국지전이 발생했을 경우에 대비한 방어대책
- 중국, 일본의 해상도발을 막을 수 있는 소형 쾌속정개발
- 외국의 방위전략연구 스위스, 스웨덴의 민방위체제 등 케이스 참조
- 정예군 육성을 위해 유도, 태권도, 킥복싱 등을 혼합한 전투용 격투기개발, 전군에 보급
- 초등학생부터 호신술교육, 정신운동과 병행
- 무인비행기, 무인자동차, 무인탱크, 무인헬리콥터, 재래식 대량살상무기 등 고성능, 최첨단 신무기개발, 주변국가인 일본, 중국보다 한 단계 앞선 무기개발로 조총과 활이 대결했던 역사를 되풀이 하지 않아야
- 핵무기개발
- 미사일개발
- 방대한 병력수를 감축하고 소수 초 정예부대 창설, 전군의 공수특전부대화, 해병대화전략 외국의 침략에 대비, 적을 초기에 진압하고 시간을 지연시켜 이 시간을 활용, 외국의 원조요청
- 언론에 노출된 전국의 특이한 발명가들을 초빙, 국방과학연구소 민간연구소 등과 합동으로 고성능최첨단 신무기개발

■ 환경정책(環境政策)
- 21세기는 아름다운 자연이 국제 경쟁력인 시대

- 모든 것을 자연그대로 보존하자는 것이 세계적인 추세 독일의 낡은 공장 재활용법(구동독의 폐허화된 공장),깨끗하게 개조해서 다시 사용하는 지혜. 호주, 뉴질랜드의 나무 한 그루도 허가 없이는 자르지 못하도록 하고 있는 환경보호운동
- 현재 우리나라는 강과 바다가 죽어가고 있다. 바다대청소, 강 준설 실시

  어민들이 버린 폐그물, 쓰레기 상류에서 흘러 들어온 불법 투기물 등으로 강과 연안 해안은 죽음의 강과 바다로 변하고 있음. 정기적으로 이를 청소하고 무단 투기자 엄벌대책수립이 시급함
- 쓰레기, 담배꽁초 등 불법투기자 색출을 위한 감시카메라 설치, 벌금제 강화
- 특히 고속도로 쓰레기 무단투기자 강력한 처벌대책, 신고자 포상대책
- 놀이행위자 행사완료시 쓰레기 "되가져 가기운동"전개, 일본의 도야마(富士縣) 사례 참조
- 일본의 깨끗하고 아름다운 국토가꾸기운동 벤치마킹
- 스위스의 집주변 가꾸기 의무제도 참고해야
- 도로변 건물소유자의 관리의무제 도입. 혐오감 주는 건물방치로 도시미관 환경화손
- 댐, 하천, 저수지 낚시꾼 철저히 단속, 모든 낚시행위의 허가제 도입
- "내 고향, 우리 마을 시냇물에 송사리가 살게 하자"운동을 전국

적으로 전개. 강의 원천부터 살려야

- 마을 실개천을 시작으로 강을 살리기 위해 강의 원천인 산골 마을 소규모 자연부락단위로 정화조설치 의무화
- 농토 및 하천에 방치되고 있는 농약병, 비닐제품 수거시설 설치와 수거자 보상제도 연구
- 계곡물은 자연 그대로 흐르게, 수로에 시멘트시공, 수중보설치 방지, 천막설치, 잡상인들의 상행위 단속
- 팔당 등 식수원인 강 주변 오염발생원을 교과서적으로 감시. 위반자 엄중처벌
- 대도시주변 강에 대한 정기적인 준설 실시. 특히 주택밀집지역 주변 하천
- 대기오염의 주범인 자동차 아이들링에 대한 벌금제도 도입 실시, 스웨덴제도 참고
- 공직 정년퇴임자, 은퇴 교사출신 노인, 자원봉사자들로 구성된 명예 환경경찰제도 도입
- 전국사찰, 천연샘, 자연부락 우물에 사용되고 있는 플라스틱 바가지 제거, 자연친화적인 박 바가지나 나무바가지로 대체, 일보사찰 참조
- 과거의 민방위의 날(매월 15일)을 환경의 날로 정해서 온 국민이 환경, 안전, 방재에 대한 인식을 새롭게 하고 환경운동을 실천하는 날로 할 것
- 중국비경 20선을 보호하기위한 중국정부당국의 환경보호운동

참고. 이들 지역의 자연을 보호하기위해 버스는 천연가스 버스
만 사용, 관광객 폭주에 대비한 차량화장실 운영, 흡연구역지
정, 접근로는 나무판자를 이용해서 도로조성, 고지대는 케이블
카 운행, 자연보호위반자에게는 벌금으로 원화 8만 원 정도의
벌금부과
- 서울근교 국립공원 입구 환경정화, 북한산, 대모산, 청계산 등
서울의 대표적인 등산대상인 진입로에 늘어선 각종 무허가시
설, 건축물 철거해서 재정비

■ 농촌대책
- 농촌 환경 개선운동 시급한 상황
- 일본농촌배우기, 깨끗하고 아름답고 질서 있는 일본농촌
- 일본 소, 과일, 채소 등 사육지, 제배지 견학단파견 연수
- 최근의 발전한 중국의 모범농촌 시찰단파견, 견학, 학습
- 전국의 농민발명가+국립공대 교수 연결해서 전대미문의 발명
품, 신무기, 농기구 등 개발
- 산지를 고도로 이용하는 스위스의 농촌마을 견학
- 농가주택의 설계를 지방의 지세, 기후에 맞도록 특색화도 단위
로 각각 특색 있는 디자인 권장, 현재 농가주택 중 가장 디자인
이 열악한 대문을 품위 있는 디자인으로 개선하는 것이 급선
무. 동시에 전통적인 돌담 재생, 탱자나무의 담당화, 우물복원,
실개천준설 등,

- 농촌주택의 지붕 색깔을 현재 정채불명의 하늘색에서 자연친화적이고 다양한 컬러로 개선
- 농촌자연부락 단위나 시군구 자치단체에 속한 지방도로를 지역특성에 맞게 유실수, 화려한 꽃나무를 식재, 관광자원으로 활용할 것. 사과, 감, 배, 대추, 매실, 모과 등 유실수. 봄, 여름, 가을에 꽃이 피는 꽃나무를 심어 관광객을 유인한다.
- 산채마을, 헌책마을, 고물마을, 고추장, 된장마을, 매주마을, 일본의 일촌일품(一村一品)운동 참고
- 지렁이마을(전남 장흥군 장평면 우산마을), 쉬리마을(강원 철원군 김화읍), 연꽃단지(강원도 화천군), 야생화단지(화천군)을 만들고 생태학습장으로 활용
- 현재 전국 어디에서나 살 수 있는 지역 특산품을 해당지역에 가야만 살 수 있도록 제도개선
- 지역특성을 살린 가로수식수 권장, 예 : 영동 감, 하동 벚꽃, 강릉 소나무
- 차전놀이, 강강술래, 재기차기, 연날리기, 팽이치기, 자치기, 쥐불놀이, 썰매타기, 바람개비, 대나무 물총, 활쏘기, 굴렁쇠, 쌍윷, 고무줄놀이, 공기놀이, 구슬치기, 딱지치기 등 민속놀이 축제를 개발 관광 상품화

  원두막, 성황당, 물레방아, 우물터복원, 허수아비, 디딜방아, 짚을 이용한 짚신, 각종 전통 공예품제작, 가마니짜기 기계복원, 명석 만들기, 탈곡기, 물 푸는 기구 등 재현

- 전국적인 농촌주거 환경개선운동 전개. 제2의 새마을운동 현 우리농촌 주택에서 가장 낙후된 부엌, 화장실을 현대화. 이를 위해 정부의 일부지원과 도시에 진출해 살고 있는 자녀들의 지원의무화
- 매년 고향마을 가꾸기 경연대회 실시
- 동리단위로 미니운동장 조성, 잔디운동장 가꾸기, 배드민턴, 게이트볼, 족구, 철봉, 아령, 운동기구 등 체조공간조성 시범마을 조성, 매년 동 대항 경진대회개최, 우수농촌마을에 지원금, 모델로 선정된 동리를 전국농민들이 시찰하는 프로그램 실시
- 술, 도박으로부터의 해방을 위한 대체 오락프로그램을 개발해서 보급
- KBS의 농촌환경개선 및 소득증대운동의 일환인 "백년가약운동"을 전사회단체로 확대
- 농촌 대청소운동 정례화, 월 1회. 해당지역 출신 자녀, 자원봉사자 활용, 농약병, 비닐수거
- 농민들의 자긍심을 높일 수 있는 복식(유니폼)연구보급, 일본의 농민복장, 미국의 카우보이
- 파손, 퇴락된 농촌주택의 수리보수, 도색의무화, 해당관할 공무원의 관리책임제 도입
- 청도출신제일교포 사과박사 최판수(71)씨, 대통령이 청와대로 초청 격려해야, 여름에는 모든 사과가 푸른색인데 가을처럼 붉은 사과를 개발한 기술자

- 농촌의 유기농가와 도시소비자를 연결하는 사업을 적극적으로 확대실시
- 농촌의 노인회를 활용한 자연보호운동 전개
- 산나물 축제+예술제, 경북 일월산 산나물축제+조지훈 예술제를 전국적으로 보급
- 농촌 폐교시설의 현대적 이용지역특성을 살린 박물관으로 개조, 각종 체험시설 공간으로 활용
  농기구, 유성기, 고가구, 디딜방아, 탈곡기, 풍구
- 지역출신 저명인사들의 생가를 미니박물관으로 개조 유품 및 기념 될 만한 물품정리, 전시
- 휴전선 인근의 과거의 군부대를 재현, 군사문화를 관광 상품화
- 우물복원, 빨래터복원, 물레방아복원, 디딜방아, 탈곡기, 풍구
- 정자의 디자인개선, 농촌의 상징으로
- 도로직선화 공사로 쓸모없게 된 폐도로의 활용·비닐하우스용 철재앵글을 활용, 박, 담쟁이덩굴, 칡, 머루, 다래넝쿨로 장식해서 농촌을 찾는 도시민을 대상으로 한 관광코스화. 장미, 줄장미, 각종 야생화를 이용한 꽃터널 만들기·유실수거리조성
- 사과, 배, 감, 대추, 모과 등 유실수를 집단으로 심어 관광자원화

■ 에너지 위기 대책
- 비산유국인 한국은 세계대전 같은 국제적인 위기 때 에너지 위기대책수립이 시급

- 미국 말라카해협확보를 위한 대책중국, 일본은 러시아의 석유 확보를 위해 전쟁과 같은 외교전을 전개
- 해외에너지개발 특히 아프리카
- 에너지 수입원의 다변화
- 해양심층 자원 등 미래에너지개발
- 장기적으로는 에너지 절약대책
- 대체에너지 개발을 위한 장기적인 대책을 계속 추진풍력에너지, 수력에너지, 조력, 수소, 지열, 태양광 등

■ 교육정책
- 중국 북경의 중학교 실험실 시설수준은 한국의 대학수준을 능가하는 정도
- 미래의 중국의 주인공인 학생들에게 긍지와 희망을 철저히 심어주는 교육정책을 실시
- 그 한 모범적인 사례로 북경의 한 중학교에서는
  • 중국과 세계사를 빛낸 사람 8명을 선정해서 그들의 동상을 학교운동장에 설치해놓고 여기에 추가로 2자리를 더 설치, 그 2자리는 동상을 세울 수 있는 기단만 마련한 체 그 자리를 비워 놓았다. 그리고 이 학교당국은 이 학교 학생들 중에서 이 두 자리를 채울 인물이 나와야 한다고 독려하면서 학생들을 교육시키고 있음
- 중국정부는 국가비전으로 2010년에는 일본을 따라잡고 2050

년에는 미국을 앞서자는 슬로건을 내걸고 국민들에게 미래에 대한 꿈과 희망을 심어주고 있음

- 한의학의 현대화. 중국, 일본과 차별화 되는 우리고유의 의학, 시술분야를 개발, 발전시켜 학문화, 사업화할 것. 이를 위해 양방 한방 병진 발전을 위한 장기적 대책수립, 즉각 실시
- 역사적 인물 탐구, 사상연구, 우리역사의 위인들을 소개하는 글을 영문화, 해외보급
- 외국에 유학, 한국문제로 논문을 써서 박사학위를 취득한자는 교수로 채용금지. 우리나라의 귀중한 정보를 팔아 사리를 취한 매국적 행위에 해당
- 일본의 마쓰시타 정경의숙(松下政經義塾)을 벤치마킹해서 한국에서도 미래의 지도자를 양성할 것

■ 빈곤, 사회문제
- 절대빈곤층이 밀집해 있는 슬럼지역에 대한 주거환경개선작업 시급
- 불우이웃돕기운동, 노숙자, 독거노인, 소년·소녀 가장돕기
- 영원히 거지로 만드는 무조건 퍼주기식 노숙자지원지양, 종교 및 사회단체에 협조요청
- 독거노인, 불구자, 중병자, 소년소녀가장을 위한 주거환경개선 사업실시(특히 화장실, 주방), 의료지원
- 노동 가능한 노숙자 노역강제화제도

- 서울역 등 대중이 모이는 장소, 관광과 연계된 지역에 노숙자의 노숙행위, 구걸행위 단속
- 반지하방인생, 서울가구(330만 가구)의 10%인 35만 5천 가구가 반지화방에서 생활. 이를 해결하기 위해 주공, 토공이 앞장서 임대주택, 다가구주택, 다세대주택을 지어 공급. 건축비를 낮추기 위해서는 일본식 조립식주택을 도입, 건축자재를 표준화, 대량생산화, 코스트 다운 실시로 문제해결

- ■ 사법부개혁
- 법원, 검찰 퇴직인사에 대한 전관예우 철저히 발본색원(가장 악질적인 범죄행위)
- 유전무죄, 판결은 입찰제라는 사회일반에 퍼져있는 부끄러운 오명을 씻을 특단의 대책을 수립해서 즉각 행동에 옮겨야 한다.
- 법관, 검찰의 부정, 비리에 대해서는 엄격히 처벌, 옛 안기부처럼 이들을 견제할 기구필요
- 변호사의 탈세방지대책

- ■ 국토
- 아름다운 국토가꾸기운동
- 공동주택의 외벽 부착물 통일화, 아파트의 환풍기, 창틀, 에어콘, 색깔, 창틀크기 등
- 자기건물 관리의무제, 자기건물을 추하게 방치할 경우 벌금부

과제도, 환경관리책임제

- 모든 토목공사, 건축공사 후 철저한 사후관리, 점검시스템 가동
- 대형건물 등 건물옥상의 녹지조성, 입주민들의 휴식처 겸 야채 공급처로 활용
- 지하매설물의 매핑시스템개발, 부서간 업무협의체구성, 연초 및 분기별 관계자회의 개최로 업무사전 협조체제, 대불공단의 전봇대 사건 재발방지
- 자연경관을 해치고 있는 농촌의 폐가, 퇴락된 건물 철거
- 사용가능한 빈농가, 도시민과 연계, 주말주택 등 활성화대책마련
- 전국, 고속도로 및 국도의 가로수를 사과, 배, 감, 대추, 모과, 살구, 매실 등 유실수로 대채. 또한 벚꽃, 산벚 등 화려한 꽃이 피는 나무로 가로수화

■ 공기업의 혁신
- 국영기업체의 인원, 조직 감축 민간기업의 능률성 도입
- 인사제도의 혁신. 지연, 학연, 혈연에 의한 스포일시스템 철저히 배제, 메리트시스템도입
- 무늬만 공모제, 실제로는 비밀지령에 의한 임명제로 대국민 사기극의 표본인 현행 사장공모제 즉각 폐지, 시간과 경비의 엄청난 낭비, 조직원의 분열만 조장, 백해무익
※ 이 자료는 필자가 1995년부터 작성하기 시작해서 정리한 것이다.

41

포천시 발전을 위한 아이디어와 전략

이 자료는 필자가 서장원 포천시장과 교류하는 과정에서 그의 성실성과 열정에 감동을 받아 그를 도울 방법을 고민하던 끝에 작성한 아이디어이다.

■ 포천막걸리를 이용한 특산품화

□ 막걸리박물관 건립

- 막걸리제조에 사용되는 모든 원 부재료, 용기(채, 독), 기구를 수집, 전시

- 막걸리의 성부분석, 영양가, 신체에 미치는 영향 등을 도표로 전시

- 막걸리의 역사, 명칭의 유래, 가정주, 다른 지역의 막걸리도 소개

- 막걸리병과 통의 변천과정, 알코르 도수의 변천, 등
- 막걸리의 전 제조과정 견학코스개발
- 시음코너개설, 특히 일본관광객을 위한 막걸리 시음코스운영
- 막걸리에 걸 맞는 안주소개, 전시, 음식궁합, 막걸리를 가장 맛 있게 마시는 방법

□ 신세대에 알맞은 막걸리병, 술잔, 주전자, 젓가락, 술상, 개발 전시
□ 포천막걸리축제 개최
- 다양한 프로그램 개발즉 빨리 마시기, 많이 마시기 등

□ 과거의 막걸리 주막집 재현
- 과거의 주막을 운치 있고 낭만적으로 재현, 안주, 주모, 경우에 따라서는 작부도 배치

□ 외국의 술박물관 시찰, 벤치마킹 할 것
- 일본의 사케(正宗)공장
- 일본 북해도 삿뽀로 맥주박물관
- 프랑스의 포도주
- 멕시코의 데킬라
- 독일의 맥주
- 러시아의 보드카

- 중국의 마오타이, 홍주
- 영국의 위스키

■ 민속행사 체험 마을 조성
□ 민속행사를 초등학교 폐분교나 넓은 공터를 활용
그네, 씨름, 활쏘기, 설매타기, 자치기, 팽이치기, 연날리기, 고무
줄놀이, 쥐불놀이, 굴렁쇠, 토후 기타 전통놀이와 풍물

□ 농업박물관 건립 운영
2011년 11월 22일 MBC에서 방영한 TV특종 놀라운 세상에 소
개된 농기구수집광, 그 농민과 접촉 그가 수집한 농기구를 중심으
로 박물관 개관, 그에게도 금전보상이나 명예를 높일 수 있는 방법
을 강구하면 동참할 것으로 기대됨

□ 시민 누구나 쉽게 볼 수 있는 시내 요지에 솟대동산, 장승동
산, 바람개비동산, 조성

□ 꽃을 테마로 이용한 동산조성
- 코스모스, 장미, 산나리, 무궁화 외에 지역특산 꽃을 활용, 시내
중심부에 동산을 조성, 관광자원화 한다. 미국 오레곤주는 장
미축제 하나로 엄청난 관광객을 유치, 세계적인 축제로 명성을
떨치고 있씀

■ 유실수 가로수심기

- 시청을 중심으로 유실수 시범거리조성

  200m 단위로 사과, 배, 감, 대추, 모과를 심어, 아름답고 낭만

  적인 거리조성

- 가을에 유실수 수확행사를 지역축제로 발전시킨다. 세계에서

  유일한 거리풍경이 조성될 것

- 영동의 감나무 가로수축제 참고

■ 병영체험 학습장

- 철수한 군부대병영을 그대로 인수, 한국특유의 병영체험 학습

  장을 조성 운영

- 미니군사박물관도 개관 / 용산의 전쟁기념관보다 더 실감나게

  디자인하고 꾸민다

- 군막사, 군복, 군화, 철모, 수통, 무기, 계급장, 혁대, 반합, 등을

  전시하고 그 변천과정도 소개

- 1일 병영체험학습, 초·중·고·대학생을 대상으로 한 교육계획

  수립

- 매주 수요일 11:00~12:00까지 개방하는 포천 승진훈련장과

  연계

■ 포천을 한국의 스위스로

아름다운 자연경관을 최대로 살려 다른 도시와 차별화를 위해

스위스의 아름다운 도시나 시골마을을 모델로 포천시 건설

- 건물디자인, 설계, 색상, 등 스위스 시골마을 건물을 벤치마킹
- 현재 차가운 감을 주는 건물의 지붕색깔을 이태리 스페인식의 밝고 따뜻한 빨간색으로
- 깨끗하고 아름답고 질서 있는 도시
- 집집마다 꽃을 제배 전시
- 간판 2개까지만 허용(창문을 이용한 글씨도 간판으로 간주, 형태불문 벌금실시)
- 도로변 공간에 벤치설치, 캐나다 벤쿠버의 공원에 기증자 명찰단 벤치 참조

■ 외국의 성공적인 사례

영국 런던교외의 헌책마을, 일본 니이가타현의 산채공화국, 부천시 옹기박물관

남이섬: 연 200만 명 관광객

Part 2
경제에는 공짜가
없다

제1편
한국재계의 정상, 삼성그룹의 저력은 어디에서 나오는가?

01
이병철 회장의 탁월한 선견성

내가 삼성그룹 이병철 회장의 비서로 일하고 있던 1960년대 말 어느 날 택시를 탔다. 그런데 그 택시기사는 이런 저런 얘기 끝에 "이병철 회장은 금 밥그릇과 금 숟가락으로 식사를 한다"고 마치 직접 본 것처럼 나에게 얘기하는 것이었다. 너무나 엉뚱한 기사의 말에 당황한 나는 그렇지 않다고 설명했으나 기사가 끝까지 그의 주장을 굽히지 않는 바람에 결국 손을 들고 말았다. 우리나라 재계의 거목으로, 부의 상징으로 한 시대를 풍미했던 이 회장의 식기와 식단이 민초들의 것과 다를 것이라는 생각이 어쩌면 당연할지도 모른다. 그러나 내가 본 이 회장과 그의 가족들이 사용하는 식기와 식탁의 소품들은 너무나 소박하고 평범한 것 들이었다. 아침저녁 식사메뉴는 진수성찬으로 차려질 것이라는 세상의 예상과는 달리

주로 흰밥에 선지해장국이 자주 등장하는 정도였다. 좀 색다른 것이 있다면 이 회장은 후식으로 과일과 과일즙을 많이 드시는 것이었다. 평소에 너무나 많은 생각을 해서인지 이 회장은 체인 스모우커라 불릴 정도로 시거를 즐기는 애연가였다.

그는 그림과 글씨, 도자기 등 골동품과 고전문화재를 보는 놀라운 안목과 남다른 관심을 가지고 있었다. 그러기에 우리문화재라면 멀리 해외에 까지 가서 수집하는 수고를 아끼지 않았다. 그덕에 그가 수집해온 문화재들이 오늘 날 우리나라의 '국보'의 자리를 지키고 있는 아이템들이 한 두 가지가 아니다. 이 회장의 이러한 선견지명과 열정이 없었더라면 우리의 귀중한 문화재들이 외국인의 소유가 되어 우리 후손들은 영원히 이를 접해볼 기회를 상실했을지도 모른다.

그는 우리 국악에도 대단한 애정을 가지고 있었다. 당시 가난에 찌들어 고생하고 있던 인간문화재급 국악인들을 불러 공연을 하게하고 후한 성금을 전달하는가하면 당시 삼성계열사인 동양방송 편성에 국악프로그램을 넣도록 방송 간부들에게 지시하기도 했다.

건강관리는 주로 골프와 냉온탕 목욕으로 대신했다. 일주일에 한번 정도는 안양베네스트에서 주로 장기영부총리, 안희경변호사, 신용남의원 등 친지들과 골프를 즐겼고 가족 중에는 장녀 이인희 여사와 막내 딸 이명희 여사가 가장 많이 아버지와 함께 라운딩을 했다.

내가 비서실에서 근무하는 동안 가까이서 본 이 회장은 세계경제와 시대의 흐름을 파악하기 위해 끊임없이 학습하는 열공파의 한 분이었다. 그는 타고난 초인적인 근면성에다 학습을 통해 얻은 지식과 정보를 바탕으로 10년 50년 앞을 미리 내다볼 줄 아는, 남들이 따를 수 없는 탁월한 선견성을 지닌 분이었다. 이 회장이 신규 사업을 시작할 때는 사업에 관련된 모든 정보를 사전에 철저히 조사하고 사업계획을 수십 차례 치밀하게 검증한 후 완벽하다는 결론이 났을 경우에만 사업에 착수했다. 업무상 어떤 사람을 만나기로 약속했거나 그룹에서 장차 같이 일할 사람을 채용하는 경우에도 그 사람에 대한 신상을 철저하게 파악하고 나서 면담하고 그리고 채용했다. 때문에 그가 시도한 신규 사업의 결과는 거의 오차가 없는 완벽한 것이었으며, 사람을 보는 눈이 범상치 않았기 때문에 '용인의 달인'이라는 신화를 남기게 된 것이다.

이 회장은 매스컴에 신 경영기법이나 첨단 과학 분야 등 특수한 분야를 전공, 외국에서 학위를 받고 귀국하는 인사에 관한 기사가 매스컴에 보도되면 즉각 그를 회장실 오찬에 초대해서 최신 경영 이론과 첨단 기술을 배우는데 주저하지 않았다. 외국에서 최신 경영과 첨단기술 그리고 미래예측에 관련된 좋은 책이나 자료가 발간되었다는 정보를 입수하면 이 회장은 즉시 해외지사를 통해 그 책과 자료들을 구입, 참모들에게 나누어주고 그 내용을 요약해서 보고하도록 했다.

이 회장은 예리한 직관력을 지닌 분이었다. 그룹의 핵심참모들이 몇 개월간 사력을 다해 준비한 신규사업계획서를 회장에게 보고하는 날, 이 회장은 스텝들의 보고를 잠시 들어보고는 "그거 안 된다"하고 결론을 내리는 경우가 적지 않았다. 당황한 참모들이 돌아와 여러 차례 회의를 거듭하면서 장시간 재검토한 후에야 비로써 회장의 판단이 옳았다는 사실을 알고 놀라는 사례가 허다했다. 그를 가까이에서 모시면서 나 자신이 깨달은 것은 어느 분야든 정상으로 가는 길에는 우연이나 기적이 없다는 진리였다. 정상이란 자리는 피나는 노력과 감내하기 어려운 엄청난 시련을 통해서 얻어진 값진 열매라는 교훈을 나에게 가르쳐준 분이 바로 이 회장이었다.

• ㈜ ; 이 글은 1997년 6월 26일, 매일경제, 매경춘추란에 "이병철 회장의 선견성"이란 제목으로 게재했던 내용을 일부 수정, 보완해서 다시 작성한 것이다.

02

막내 딸 이명희 여사가 말하는
이병철 회장의 경영철학과 인간적인 면모

이병철 회장은 이미 반세기 전에 글로벌리제이션의 시대가 도래할 것을 예견했던 선각자였다. 내수기반이 약한 한국에서 기업의 규모가 커질 때 생존할 수 있는 길은 시장이 넓은 외국에서 길을 찾을 수밖에 없다는 확신을 가지고 있었다. 이 회장은 자신의 자서전 〈호암자전〉에서 "국내에서 제일이 된다든지 국내경쟁에서 이긴다든지 하는 것은 안중에도 없었다. 자본을 축적하여 차례차례 새로운 기업을 개척함으로써 선진외국과 당당히 맞서 이긴다. 그것이 내가 나아갈 길이다"라고 천명했다.

이 회장은 항상 합리적 경영을 강조했다. 일에는 우선순위를 중요시했다. 기업경영에서는 혁명적인 비약보다 단계를 밟아 올라가는 진보에 더 비중을 두었다. 단계를 뛰어넘는 비약은 파국으로 치닫는 지름길이라 생각했다. 합리적 경영이야말로 우리기업을 세계적인 기업으로 도약시킬 수 있는 정도라는 것이다. 오늘 날의 삼성이 글로벌 기업으로 성장할 수 있었던 것도 합리적 경영을 추구했기 때문이란다. 일의 우선순위 설정과 완급조절을 잘 하는 분이었다. 모든 일은 치밀하게 준비해서 계획적으로 착수하는 경영원칙을 지켰고 즉흥적으로 일을 처리하는 법은 없었다. 의사결정은 신중하게 하지만 일단 결심하면 초고속으로 무섭게 밀어붙였다.

아버지는 예리한 직관력을 지녔고 시간을 엄수하며 계획된 일정에 따라 움직이는 규칙적, 계획적, 통제적인 사람이었다.

그는 언제나 새로운 것에 관심을 가졌으며 특출한 것을 좋아하고 평범한 것을 싫어했다. 누구보다 새로운 것에 대한 많은 정보를 가졌으면서도 늘 보다 새로운 정보에 목말라했다. 또한 어떤 문제에 한번 관심을 가지면 끝을 보는 성품이었다. 때문에 그가 좋아하는 분야에서는 남들이 넘볼 수 없을 정도로 정통했었다.

아버지는 68세에 반도체사업에 뛰어들어 73세에 64KD램을 개발해서 생산하기 시작했다. 천연자원이 없는 우리나라가 장차 살길은 부가가치가 높은 반도체뿐이라는 생각에서 착수했던 것이다. 반도체사업을 시작할 무렵 참모들의 반대가 대단했다. 축적된 기술이 없는 삼성이 기술개발에 성공한다하더라도 일본의 선도 기업들이 새로운 제품을 만들어내어 먼저 시장에 출시해버리면 삼성은 망할 수밖에 없다고 생각했기 때문이다. 그러나 아버지는 특유의 선견성과 집념으로 반도체사업을 강행했다. 병상에서 암과 투병하면서도 임원들로부터 반도체에 관한 실적을 병상에서 보고받았다. 이 모두가 반세기 앞을 내다보는 선견성과 새로운 것에 대한 호기심이 있었기에 가능했던 일이었다.

용인(用人)의 달인이었던 아버지는 임직원을 믿지 못하면 아예 쓰지 않았고 일단 사람을 쓰면 의심하지 않았다. 임직원의 판단력과 일의 우선순위를 중요시했던 아버지는 교육을 시켜도 알아듣지 못하는 사람은 과감히 포기했다. 사람을 쓸 때 세간에서 덕망이 없다는 평가를 받는 사람이라도 능력이 있으면 과감하게 발탁했다. 인간성보다는 능력에 무게를 두고 사람을 선발한다. 그러나 한편으로 덕망이 없는 사람은 신뢰하지 않았다. 덕은 하루아침에 쌓이는 것이 아니라는 것이다. 덕을 쌓기 위해서는 근본적으로 그릇이 커야 하는데 이를 위해서는 먼저 학습을 통해 높은 식견을 구비해야한다는 지론을 가지고 있었다.

이 여사는 아버지를 조조처럼 비범한 인물로 시대를 초월한 사람이라고 평했다. 세상을 떠나는 날까지 자신에게 철두철미했던 점, 미래를 내다보는 선견성, 감성리더십을 가진 것 까지 조조를 닮았단다. 조조는 아주 냉철한 인물로 알려져 있지만 감성적인 면이 풍부했다고 한다. 이 여사는 경영자의 능력 중에서 감성이 대단히 중요하다는 지론을 가지고 있다. 훌륭한 경영자라면 담대하고 합리적이어야 하지만 한편으로 뛰어난 감성을 지녀야 위대한 경영자가 될 수 있다고 주장한다. 아버지는 일본 전국시대에 이름을 떨쳤던 오다 노부나가, 도쿠가와 이에야스, 도요토미 히데요시 세 지도자의 속성을 두루 가지고 있었던 사람이라고 말한다.

'기업은 곧 사람'이라는 신념을 가진 아버지는 사람을 나무 기르듯 길러냈다. 평생 인재개발에 엄청난 투자를 했다. 그 결과 이른바 '삼성맨'을 창조해낸 것이다. 세간에는 삼성을 재계에 인재를 공급하는 '인재양성 사관학교'라고 말한다. 인재를 중요시한 아버지는 신입사원 채용 때 직접 면접을 보기도 했다. 아버지는 사원의 마음 상태, 태도와 언행을 살폈다. 인재를 선발한 후에도 사내교육을 통해 사람을 다듬어나갔다. 사람을 평가할 때 선천적인 부분을 60%, 후천적 교육에 40%의 비중을 두었으나 오랜 체험을 통해 말년에는 능력 90%, 교육 10%라고 말했다. 사람은 노력여하에 따라 달라질 수 있으나 선천적인 능력이 있어야 노력의 성과를 나타낼 수 있다고 결론지었다.

아버지는 다른 사람의 말을 항상 경청했다. 심지어 어린이의 말이라도 흘려버리지 않았다. 말을 많이 하면 실언을 할 수 있고 남의 말을 열심히 들으면 많은 것을 얻게 된다고 생각 했다. 표현과 행동을 절제하기 위해 평소 알아도 모르는 척했지만, 모르면 결코 아는 척 하지 않았다.

이 여사는 세상이 알고 있는 아버지와 자신이 느끼는 아버지는 차이가 있다고 말했다. 아버지는 "용서는 하더라도 잊지는 않는다"는 지론을 가진 분이라고. 한 두 번의 실수는 그냥 넘어가지만 몇 차례 더 반복되면 용서하지 않았다. 그러면서 아버지는 따뜻하고 인자한 분이었다고 회상한다. 한편 섬세하면서도 여성적인 면을 지닌 감성적인 분이었다고 말했다. 화려한 넥타이와 핑크색 와이셔츠를 즐겨 입었다. 자신의 가족이나 주변사람들이 풍부한 감성을 가지고 있기를 원했다. 그러나 이성과 감성을 명확히 구분했다. 자녀들과 직원들이 이성에 바탕을 둔 풍부한 감성을 가지기를 원했지만 감성만 풍부한 것보다는 냉철함과 감성을 함께 지닌 사람을 좋아했다.

그는 항상 절제된 삶을 추구했고 낭비도 하지 않았다. 방에 필요 없는 전등은 손수 끄고 화장지도 반을 잘라서 사용할 정도로 검소했다. 취미생활 또한 사업에 방해가 되지 않는 범위 내에서 즐겼다. 하고 싶은 것을 다하고 나면 나중에 할 것이 없게 되고 원 없이 하고나면 마지막에는 허무가 찾아온다고 믿었다.

아버지는 지독한 메모광이었다. 메모지를 빼곡히 매워가며 메모를 했다. 이 메모를 바탕으로 시간이 날 때 마다 일을 점검하고 확인하는 등 철두철미하게 일을 관리했으며 미결사항은 메모지에서 결코 지워지는 일이 없었다고 한다.

(2013년 1월 30일)

* (註) : 이 글은 이병철 회장의 막내 딸 이명희 여사가 어버이날을 맞아 모 일간지로부터 이병철 회장을 추억하는 인터뷰를 해 달라는 요청을 받고 "아버지 이병철 회장과 나"라는 제목으로 쓴 육필원고의 내용을 저자가 대폭 수정·보완해서 작성한 것이다.

03
삼성이 세계적인 기업으로 도약할 수 있었던 저력은 어디에서 나왔나?

　우리나라 재계의 정상, 삼성그룹은 이제 세계를 리드하는 선도 기업으로 도약했다. 삼성그룹의 총매출액은 우리나라 국내총생산액 GDP의 30%를 넘는다. 핀란드의 노키아처럼 이제 삼성없는 한국경제는 생각할 수 없게 되었다. 천하의 GE가 삼성전자를 벤치마킹하기 위해 임원들을 한국에 파견할 정도로 삼성의 국제적인 위상이 높아진 것이다. 삼성그룹은 2012년 매출 383조원, 시가총액 303조원에다 세계브랜드 순위를 9위로 끌어 올리는 등 경이적인 경영실적을 달성, 우리 재계는 물론 세계를 놀라게 했다. 그룹의 주력기업인 삼성전자는 올해 3분기에 10조 1,000억원 영업이익을 기록, 우리나라 기업 역사상 전대미문의 기적을 창조해 냈다. 3개월에 10조원, 이 놀라운 숫자는 하루 약 6,400억원 상당을 팔아

1,100억원의 이익을 올린 셈이 된다. 분기당 10조원의 영업이익을 올리는 기업은 세계적으로 명성을 날리고 있는 글로벌 500대 기업 중에도 미국의 엑손모빌, 애플, 러시아의 가스프롬, 중국의 공상은행 등 네 개에 불과하다. 삼성그룹은 최근 경사가 겹쳤다. 이건희 회장과 이재용 부회장은 삼성전자의 회장, 부회장 자격으로 미국의 저명 연예 패션잡지 '배니티 페어'가 선정한 글로벌 혁신가 6위에 오르는 영광을 안았다. 더구나 삼성전자는 세계 전자업계의 황제로 군림하고 있던 소니, 파나소닉, 샤프, 노키아를 차례로 제친 데다 최근 휴대전화시장을 놓고 특허소송을 벌리며 치열하게 경쟁해오던 애플마저 꺾어 세계전자업계에 선두주자로 올라섰다.

1987년 11월 20일 이병철 회장이 세상을 떠나고 2주 후 이건희 회장이 그룹회장으로 취임한지 25년, 그가 취임사에서 천명한 "삼성을 세계적인 초일류기업으로 성장 시키겠다"고 한 약속을 실현해 낸 것이다. 스마트폰 판매량, TV, 모니터, D램 매출액에서 세계 1위에 등극했고 휴대전화, TV, 반도체, 2차전지 등 세계 1등 제품만도 20여개를 넘어서고 있다. 이제 삼성은 글로벌 정보기술 최강자로 자리매김했다. 최근 미국 GE의 임원들이 잭 웰치 회장의 명령에 따라 한 컨설팅 회사의 팀과 함께 삼성전자를 벤치마킹하기 위해 한국을 방문했다. 웰치 회장은 임원들의 방한에 앞서 "한국의 삼성이란 기업 행보가 심상치 않다. 지금은 미약하지만 분명 머지않아 세계적 기업으로 발돋움할 가능성이 충분하다. 한국으로 가서 그들의 원동력이 무엇인지. 우리가 그들에게 배워야 할 것이 무엇인지를 찾아보라"고 지시했다. 세계를 주름잡고 있는 GE가 삼성에 대해서 신경을 쓰다니 놀라운 변화다. 더구나 최근 삼성전자는 삼성휴대전화로 1860연대에 창업해서 2007년까지 세계휴대전화 시장점유율 50%를 차지해 '핀란드의 삼성그룹'으로 평가받고 있는 노키아를 제치고 홈그라운드 핀란드에서 시장점유율 1위에 올라서는 쾌거를 올렸다.

다행히 이 회장은 지금의 놀라운 경영성과에도 불구하고 여전히 위기감을 느끼면서 끊임없이 삼성그룹 임직원들을 독려하고 있다. 늘 개혁에 목말라 하고 있다. 그는 최근 신 경영선언 20주년을 맞아 삼성그룹 임직원들에게 보낸 메일에서 "우리는 1등의 위기, 자만의 위기와 힘겨운 싸움을 해야 한다"고 강조하고 "이제부터는 질을 넘어 제품과 서비스, 사업의 품격과 가치를 높여 나가야한다. 실패를 두려워하지 않은 도전과 혁신, 자율과 창의가 살아 숨 쉬는 창조경영을 완성해야 한다"고 천명했다. 그는 이미 올해 초 신년사에서 "지난날의 성공은 잊고 새롭게 시작하자. 도전하고 또 도전해서 새 성장의 길을 개척하는 것이 우리의 사명이다"라고 말했다. 그러나 지난해 삼성그룹 전체이익 중에서 삼성전자가 이익의 90%를 차지했고 전자 의 휴대전화 사업부문이 그룹 전체이익의 절반 이상을 점하는 지나치게 휴대전화 의존적 사업구조를 가지고 있다. 하루 빨리 휴대전화사업에 버금가는 미래에 삼성을 먹여 살릴 새로운 사업을 찾아내야 장차 닥쳐올지도 모르는 리스크를 최소화할 수 있을 것이다. 또한 지금까지는 경쟁업체들을 '빠른 추격자'전략으로 거뜬히 추월하는데 성공했지만 이제부터 삼성그룹은 '선도자'의 자리를 영원히 지켜야 생존할 수 있는 방어자의 위치로 변했다. 특히 중국 발 황사바람에 전자, 철강, 조선까지 우리 턱밑까지 추격해 오고 있는 중국과의 기술격차를 벌려야하는 차이나 리스크를 안고 있다. 지금 축배를 들기에는 시대의 변화가 너무나 빠르다. 따라서 삼성은 한 순간이라도 한눈을 팔지 말고 개혁에 또 개혁을 거듭하면서 수성과 선도자의 위치를 지키기 위해 전력투구해야 할 시점이라 하겠다.

삼성이 이처럼 세계적인 기업으로 도약할 수 있었던 저력과 원천은 과연 어디에서 나왔을까. 전문가마다 진단과 평가가 다르겠지만 저자가 생각하는 삼성그룹의 성공 요인을 내 나름대로 아래와 같이 요약해 보았다. 이 평가가 어쩌면 군맹평상(群盲評象)격이 될지 모르지만 한 때 삼성그룹 회장 비서실에 몸 담았던 시절에 저자가 보고, 듣고, 느낀 점을 바탕으로 이를 글로 정리한 것이다.

첫째, 오너 십을 바탕으로 신속하게 의사결정을 하고 무섭게 추진하는 강력한 리더십이다.

회장은 모든 의사결정을 할 때 항상 그룹 내에 싱크 탱크라고 할 수 있는 회장비서실의 조언과 외부컨설팅팀의 자문을 받아 속도전으로 검토하고 최종 결론이 나면 일사분란하게 밀어붙인다. 회장비서실은 그룹사원 공채 기별입사 시험에서 수석을 차지한 엘리트들로 구성된 그룹 내 청와대 비서실에 버금가는 인재들로 짜여 있다.

이런 참모들과 외부기관의 조언과 자문을 수용할 수 있었던 이병철 회장의 탁월한 경영감각과 이를 계승한 이건희 회장의 경영능력이 뒷받침되었기에 오늘날의 삼성그룹이 세계적인 기업으로 도약할 수 있었던 것이다. 강력한 카리스마와 리더십을 지닌 오너가 있기에 그룹 내 어떤 회사가 당장은 이익이 나지 않아도 이를 감수하고 미래를 보고 과감하게 투자를 할 수 있었다. 재벌이 해체된 일본의 전자업계가 한국에 밀린 근본적인 원인은 바로 오너 십의 부재였다. 과감한 투자를 할 수 있는 의사결정은 책임을 떠넘길 수 있는 이사회 시스템이 아니라 강력한 오너 십이 있을 때 가능한 것이다.

둘째, 끊임없는 이노베이션이다.

삼성그룹은 잠시도 쉬지 않고 개혁을 한다. 21세기를 치열한 경쟁사회라 한다. 이른바 승자독식사회이다. 잠시만 한눈을 팔아도 경쟁에서 탈락하고 만다. 삼성은 이 사실을 누구보다 잘 안다.

1993년 6월 7일 독일 프랑크푸르트 켐핀스키 호텔에서 삼성그룹임직원들에게 "마누라와 자식 빼고 다 바꾸라"라고 지시한 이건희 회장의 '프랑크푸르트 선언'으로 삼성의 개혁은 시작되었다. 그해 6월 1일 도쿄에서 삼성사장단과 회의를 마친 이 회장이 6월 5일 독일로 향하는 비행기 안에서 한 보고서를 읽고 격분, 삼성 임원 200여명을 프랑크푸르트로 긴급 소집해서 이 같은 폭탄선언을 하게 된 것이다. 당시 세계전자업계를 주름잡으며 난공불락이라고 평가받던 전자제국 소니와 삼성의 운명을 가른 건 한 일본인이 만든 '경영과 디자인'이라는 13쪽짜리 보고서였다. 이른바 '후쿠다 보고서'로 삼성 신(新)경영의 계기를 마련해주었던 장본인은 삼성전자 디자인 고문을 맡고 있던 후쿠다 다미오(福田民朗)일본 교토공예섬유대학 교수였다. 그는 최근 한국기자들과 만난 자리에서 "삼성은 경영진과 직원들이 필요한 변화를 함께 실천했고 일본 전자업계는 실천하지 못했다. 거기서 성패가 갈렸다"고 말하면서 "1990년대 초반부터 10년간 진행된 이 회장의 개혁드라이브가 오늘날 삼성성공의 밑바탕이 되었다"고 털어놓았다. 이건희 회장의 개혁에 대한 욕심과 집념은 끝이 없다. 그는 지금도 기회 있을 때마다 "만날 1등만 쫓아가봐야 2등 3등밖에 못한다. 월반을 해야 한다"고 임직원들에게 강조하고 있다. 사실상 20년 전 이 회장의 신(新) 경영선언이 없었더라면 오늘의 삼성전자는 3류 기업으로 전락했거나 사라졌을지도 모른다. 최근 노키아가 143년 만에 무배당 결정을 발표했고 '이노베이션과 창의성의 상징적 인물'이었던 스티브 잡스가 사라진 애플은 최근 휴대전화 시장점유율과 주가가 급락하는 현상을 보면 기업에서 지속적인 개혁이 얼마나 중요한가를 웅변으로 증명해주는 사례라 하겠다. 혁신하지 않으면 경쟁업체와 차별화전략이 불가능하다. 고객들을 오래 유지할 수 없다. 고객들은 항상 새로운 것을 원하기 때문이다. 이제 개혁은 선택이 아니고 필수 중에서도 전공필수이다.

1960년대 말 삼성이 전자산업에 처음 진출할 당시 이병철 회장은 합작투자선을 찾기 위해 일본 내셔널 전기의 마스시타 고노스케(松下 幸之助)에게 면담신청을 했다가 거절당했다. 할 수 없이 차선책으로 당시 일본 전자업계에서 한 단계 아래인 삼양전기(三洋電氣)와 합작을 했었다. 1983년 이병철 회장이 도쿄에서 반도체사업에 진출하겠다고 발표했을 때 국내재계는 놀라움과 걱정을, 일본 전자업계는 가소롭다는 듯 비웃었다. 그러나 삼성은 세계최초로 64M D램 개발에 성공, 일본 전자업계를 경악케 했다. 그로부터 반세기 만에 삼성은 거듭된 개혁으로 탄탄한 내수시장에 안주하면서 이노베이션을 게을리 했던 마스시타의 파나소닉을 보란 듯이 추월해버린 것이다.

셋째, 임원들의 학습과 직원들에 대한 교육이다.

위로는 회장으로부터 임원들이 솔선수범해서 학습을 하고, 간부, 직원들에게는 기초적인 예절교육을 스타트로 연간 직급별로 간단없이 직무교육을 비롯한 간부로서 지녀야 할 리더십교육 등을 실시한다. 마치 한국군 장교들의 초등군사반, 고등군사반, 육군대학의 과정처럼 체계적이고 조직적으로 교육을 시킨다. 때문에 삼성에서 몇 년간 만 근무하면 아주 둔재가 아니면 모두가 쓸만한 샐러리맨으로 발전하게 된다. 현재 삼성그룹은 재계에 인재를 공급하는 이른바 '인재공급 사관학교'의 역할을 하고 있다. 삼성출신 임직원들은 이처럼 준비된 인재이기 때문에 후발기업들은 삼성에서 퇴직자가 나오면 즉각 스카우트하는 경우가 많다. 심지어 과거 모 대형건설회사는 삼성에서 사고를 치고 쫓겨나는 사람들만 이삭줍기

식으로 채용, 이들이 주축이 되어 볼품없던 작은 회사를 그룹으로 도약시킨 사례도 있었다. 무엇보다 이 병철 회장이 학습에는 솔선수범했다. 해마다 연말이면 일본에 건너가 도쿄에서 경영에 관련된 각 분야의 전문가들과 자문그룹을 만나 새해 삼성이 지향해야 할 경영전략을 가다듬었다. 이를 재계에서는 '도쿄구상(東京構想)'이라 명명했다. 이 회장의 도쿄구상에는 예외 없이 신년에 우리재계가 추구해야하는 새로운 트렌드가 담겨있었다. 또한 이 회장은 언론이나 기타 루트로 해외대학이나 연구기관에서 특수한 분야로 학위를 취득했거나 신기술, 발명을 한 인사가 귀국한다는 정보를 입수하면 즉시 그들을 회장실 오찬에 초대한다. 이 오찬회동을 통해 짧은 시간에 최첨단 정보를 접하고 신기술에 대한 지식을 습득할 수 있었다. 이 때문에 그룹 내의 사장들은 항상 긴장할 수밖에 없었다. 이건희 회장은 아버지로부터 오찬학습과정을 자연스레 배울 수 있었기에 이 회장은 재계가 인정하는 '혁신경영자'로서의 자리매김할 수 있었던 것이다. 그는 아버지에 이어 "자원이 없는 우리나라의 자산은 사람뿐"이라는 확고한 소신 때문에 평생을 걸고 인재를 길러내는데 전력투구하고 있는 것이다.

넷째, 철저한 능력위주의 인사와 다양한 인재의 영입 때문이다.

인사가 만사라는 사실은 상식이 된지 오래다, 그러나 우리사회에는 아직도 이 상식이 발을 붙이지 못하고 있다. 그러나 삼성은 오래 전부터 '인재제일주의'를 내세우면서 철저한 능력위주의 공정한 인사를 실시하고 있다. 삼성도 물론 창업초기에는 혈연과 지연을 배경으로 한 인사도 있긴 했었지만 그것은 극히 예외적인 경우였다. 지금은 인사에 관한 한 '인재제일주의'를 표방하면서 완벽한 메리트 시스템을 도입하여 실천한 지 오래다. "경영은 곧 사람이다"라는 이병철 회장의 경영철학을 이어받은 이건희 회장의 인재에 대한 욕심은 아버지를 능가한다고 한다. 훌륭한 인재를 선발해서 육성하는 것이 경영의 기반이라는 소신을 가진 이건희 회장은 그의 시간의 70~90%를 인원선발과 교육, 임원 인사구상에 할애 하고 있다고 한다. 삼성맨들은 목표가 주어지면 무조건 달성해야한다. 목표를 완수하지 못하면 어떤 변명도 할 수 없다. 삼성임원들은 매년 연말이면 냉혹한 평가를 받는다. 때문에 그 해 성과를 내지 못한 삼성그룹 임원들은 12월이 돌아오면 공포의 시간을 보낸다. 혹시나 승진이나 유임명단에서 자기 이름이 빠지지나 않을까 노심초사한다. 실적이 나쁘거나 문제가 있는 임원은 여지없이 퇴출된다. 이것은 삼성그룹의 하나의 전통이기 때문에 해당 임원들 스스로가 말없이 짐을 싼다.

　미국이 21세기를 주름잡는 이유는 바로 인종의 다양성에서 나오는 창조적인 아이디어가 정치 경제 문화 모든 부분에서 놀라운 경쟁력을 만들어내기 때문이다. 삼성그룹 이 회장도 '신(新) 경영선언' 이래 끊임없이 유능한 외부 인력과 새로운 문화를 받아들여 인재의 융합정책을 실현했고 이를 바탕으로 조직 내에 다양성과 창조적인 사고를 확산시키는데 성공, 세계가 인정하는 최첨단 명품제품을 만들어 내고 있는 것이다.

다섯째, 톱니바퀴처럼 짜여진 조직력이다.

흔히 우리재계에서는 조직의 삼성, 추진력의 현대, 인화의 LG그룹이란 말이 있다. 확실히 삼성의 조직력은 과거 독일의 기계화 부대와 같다. 모든 일은 조직력으로 승부를 낸다. 이렇게 삼성이 강력한 조직력을 발휘하게 된 근거는 끊임없는 임직원 교육을 통한 애사심과 한국의 정상그룹이라는 조직원들의 자부심이 합쳐져서 창조된 작품이다. 삼성그룹에는 노조가 없고 조직력을 와해시키는 최대의 요인인 파벌이 없다. 학연, 지연을 중심으로 한 비공식모임을 용인하지 않는다. 삼성은 조직으로 일한다. 어떤 사건이 발생하면 먼저 조직이 가동된다. 공동운명체의식이 강해서 어떤 일도 해낸다. 조직에 익숙한 삼성출신들은 조직을 떠나면 맥을 못춘다. 때문에 우리사회에서는 삼성출신이 개인사업해서 성공한 사람이 드물다는 말이 있다. 삼성을 떠난 삼성맨들은 조직과 함께하는 관리자로서는 대부분 성공한다. 그러나 개인사업은 못한다. 개인 사업은 조직으로 하는 것이 아니다. 혼자 마당쇠 역할부터 최고경영자의 일까지 다해내야 한다. 오랜 기간 조직으로 승부를 내는 일에 익숙해왔기 때문에 혼자서 전체를 감당하기에는 역부족인 것이다. 물을 떠난 물고기 신세인 셈이다.

여섯째, 삼성그룹은 제품생산과 서비스분야에서 최고주의를 지향한다.

삼성은 제조업분야에서 세계 최고를 향해 달린다. 삼성이 만들면 세계의 표준이 되어야 한다고 생각한다. 휴대전화, TV, 모니터, D램, 2차 전지, 반도체, 조선 등 세계 최고의 제품을 만들어내고 있고 서비스분야도 당연히 정상을 차지해야 당연한 것으로 치부한다. 모든 분야에서 세계 1등을 목표로 뛰고 있기 때문이다. 삼성은 선진국에 비해 엄청나게 낙후되었던 우리나라 서비스업을 글로벌 스탠더드로 올려놓았다. 안양베네스트 골프장, 삼성 서울병원, 신라호텔의 서비스의 질은 어쩌면 일본을 능가했다고 해도 과언이 아닐 것이다. 세계최고수준에 도달한 것이다. 골프장 직원들의 친절, 물 흐르듯 흘러가는 경기진행, 고객들의 미각을 만족시키는 식음료 등 명문 골프장으로 자리매김했다. 삼성병원과 신라호텔의 서비스 시스템은 국내 모든 병원과 호텔들이 벤치마킹하고 있고 여기에 종사하던 직원들은 외부의 스카우트 대상이 된지 오래다. 특히 삼성서울병원은 병원복합화의 시범을 보여 왔고 조문객들에게 거부감 없는 병원장례식장의 새로운 모델을 제시, 우리나라 장례문화를 혁신적으로 개선하는데 크게 기여했다. 삼성병원의 성공사례는 그 후 한국병원 장례식장의 건설과 운영에 표준으로 자리잡았다. 삼성이 우리나라 서비스업의 질을 한 단계 업그레이드시킨 것이다. 이 회장은 최근 "앞으로는 하드웨어적인 경쟁력보다는 소프트웨어적인 경쟁력에 의해 세계 일류기업과 이류기업이 결정된다"고 강조하면서 최근 에버랜드 등 삼성그룹 서비스계열사들에 대한 업그레이드작업을 대대적으로 벌이고 있다. 대학도 마찬가지다. 삼성이 후원하고 있는 성균관대학은 불과 몇 년 사이에 대학평가에서 서울대, 연·고대에 이어 제4위의 대학으로 도약했다. 건설 분야도 삼성이 건물을 세웠다하면 그 건물은 그 지역의 랜드마크 빌딩이 되고 삼성그룹이 어떤 지역에 터를 잡으면 그 땅은 코어지역으로 탈바꿈한다. 이 모두가 한국재계의 정상이라는 최고주의를 지향하기 때문에 가능했던 일이다.

일곱째, 삼성그룹이 한국최고라는 삼성맨들의 프라이드 즉 자부심이다.

삼성맨들 중에는 삼성이 아니면 회사가 아니라고 생각하는 사람이 적지 않다. 그만큼 삼성그룹의 일원임에 대한 자부심이 강하다. 이들은 앞이나 뒤, 옆을 바라보지 않는다. 그들의 안중에는 오로지 삼성밖에 없다. 삼성이 내세우는 최고주의는 사원들에게 자신들이 한국최고의 엘리트라는 자부심을 불어넣었다. 삼성에서 밀려나면 2류나 3류로 추락할 수밖에 없다는 위기감을 심어준 것이다. 삼성 임직원들은 곁눈질 할 여유를 가질 수 없다. 삼성그룹에서 생존하려면 자기가 맡은 업무에 전력투구하지 않을 수 없는 조직풍토가 형성되어 있다. 조직에 대한 충성심은 국내 어느 그룹도 따를 수 없을 정도로 강하다. 치밀하게 짜여진 조직에다 끊임없는 교육 때문인지 일단 유사시에는 자신을 희생하면서도 조직을 지키기 위해 몸을 던진다.

여덟째, 삼성맨은 정직하다.

먼저 삼성그룹의 깨끗한 기업풍토를 들 수 있다. 삼성은 우리나라재계의 기업그룹 중에서 임직원들이 가장 깨끗하다. 그룹 내에 부정부패가 거의 없다. 과거도 현재도 다른 대형건설업체의 고용사장 중에는 비밀리에 자기 개인으로 하청업체를 운영하는 사람도 적지 않았고, 제조업체 사장의 경우에는 비밀리에 납품물자를 생산하는 공장을 가지고 있는 경우도 많았다. 그러나 삼성그룹 내에서는 납품이나 하청을 둘러싸고 임직원들이 회사를 몰래 운영하거나 업자와 검은 거래를 하는 부정부패는 거의 찾아보기 힘들다. 아예 부정부패의 소지가 발붙이지 못하도록 원천부터 조직적으로 봉쇄해 놓고 있다. 바로 회장 비서실에 소속되어있는 감사실이다. 시스템도 잘 구축되어 있다. 조선조 때 암행어사보다 더 무섭다. 그룹 내에서 감사팀이 떴다하면 모두가 초긴장이다. 요즘 같은 세계적인 경제 위기 속에서도 삼성이 진가를 발휘하고 있는 이유 중의 하나는 바로 감사팀의 활동이다. 자동화 기계처럼 감사팀이 연중무휴 활동하고 있어 부정부패가 그룹 내에 발붙일 수 없는 깨끗한 기업풍토가 조성되고 있는 것이다. 역사적으로도 국가나 기업이 망하는 것은 침략같은 외부적인 요인에 의해서 라기보다는 내부의 부정부패에서 연유되었다는 사실을 삼성그룹은 오래전부터 채득하고 이를 사전에 예방하고 있다고 하겠다.

* (註) ; 이 글은 "위기에 강한 삼성, 이유가 있다"라는 제목으로 2000년 12월 21일 financial news에 게재했던 글에 최신자료들을 첨가해서 다시 수정 · 보완해서 쓴 것이다.

04

한국유통업계에 여제(女帝)로 등극한 이명희 회장 2세 경영수업은 무서운 스파르타식으로

　우리나라 재계에는 창업보다 수성이 더 어렵다는 말이 오래전부터 전해온다. 멀리 화신을 비롯해서 최근 동아건설, 우성건설 등 준재벌 반열에 올랐던 그룹들이 2세 승계를 계기로 사라져버린 기업들이 무수하다. 그러나 신세계그룹 회장 이명희 여사는 다르다. 삼성그룹으로부터 계열분리 되던 1991년 당시 신세계는 조선호텔과 신세계백화점만 가진 이른바 그룹이 아닌 중소기업규모에 불과했다.

　그러나 그로부터 22년의 세월이 흐른 지금, 신세계그룹은 1993년 대형할인점 이마트1호점을 오픈하면서 유통산업에 혁명적인 변화를 일으켰고 한국월마트 인수, 세계 최대백화점으로 기네스 기록에 등재된 부산 센텀시티 개점, 국내 첫 할인점 해외진출 등

2012년 말 현재 국내에 백화점 9개, 이마트 142개, 중국에 16개의 이마트를 보유하고 있으며 매출 33조원으로 세계10대 종합유통소매기업으로 도약했다. 이밖에 신세계건설, 신세계인터내셔널, 신세계푸드, 신세계아이앤시, 신세계첼시, 신세계SVN, 이마트와 여러 개의 관련계열사, 인터넷쇼핑, 아울렛사업 등에도 진출하고 있다.

신세계그룹은 현재 재계순위 17위에 올라있고 유통산업분야에서는 국내에서 당당히 정상을 달리고 있다. 이명희여사는 유통업계에서 누구도 넘볼 수 없는 여제(女帝)로 등극한 것이다. 미래학자들은 21세기를 3F시대(fiction, fashion, female)라 했다. 여성이 세상을 주도하는 이른바 '여성 상위시대'라는 것이다. 현재 세계 17개국의 국가원수와 수상이 여성이다. 우리나라도 올해 박 근혜 대통령이 취임함으로써 여성 지도자 시대가 개막되었다. 이 시점에 시의에 맞게 이명희 회장은 여성경영자로서 신세계 그룹을 이끌면서 놀라운 경영성과를 나타내고 있다.

이 여사는 아버지의 유지를 받들어 인재육성에 심혈을 기울이고 있다. 신세계는 국내최초로 사내에 유통대학과 유통 MBA과정을 개설하는 한편 다른 유통기관이 개발하지 못한 특유의 교육프로그램을 운영하고 있다. 그는 신세계가 업계에서 '유통 사관학교'라는 평가를 받고 있는데 대해서 무척 흡족해 하고 있다. 신세계에서 육성된 인재들이 다른 기업으로 옮겨 그들의 꿈을 펼치고 우리나라 유통산업발전에 단단히 한몫을 하고 있으니 정말 보람을 느낀다고 한다.

신세계는 오래전부터 세계의 첨단을 달리는 유수한 유통업체들을 케이스 스터디로 연구하기 시작했다. 이를 바탕으로 제일 먼저 미국의 프라이스클럽과 제휴에 성공, 그들의 노하우를 배울 수 있었고 그 동안 백화점 경영을 통해 터득한 경험을 기반으로 우리나라 실정에 맞으면서 외국과는 전혀 다른 혁명적인 새로운 스타일의 할인점을 개발해 낼 수 있었다. 그리고 외환위기 때는 프라이스클럽과 카드부문을 매각하여 그 자금을 이마트에 집중투자 하기로 결정, 이명희 여사의 그 결단이 오늘 날의 신세계그룹으로 도약하는데 결정적인 요인이 되었다.

이 여사는 임원들에게 세계적인 커피체인업체인 미국의 스타벅스 사업을 한국에서 해보자고 제의했다. 수익을 목적으로 하는 것이 아니고 스타벅스의 사회봉사와 사회에 공헌하는 정신 그리고 그들의 기업문화에 공감했기 때문이었다. 수익을 내지 못하더라도 그들의 기업문화만 배울 수 있어도 성공이라는 생각에서 출발한 것이다. 스타벅스는 임직원들 모두가 서로 '파트너'로 호칭한다. 이 여사는 종업원을 파트너로 부르는 스타벅스의 기업문화는 서로가 상대를 존경하는 회사 분위기를 형성하는데 크게 기여할 것으로 판단했다. 뿐만 아니라 이 사업을 도입하면 미국의 스타벅스 임직원들의 사회봉사활동처럼 한국에서도 신세계그룹 임직원들이 앞장서서 자연스럽게 사회봉사 활동으로 이어질 것으로 기대하면서 착수한 사업이라고 한다.

그러나 신세계가 스타벅스와 계약할 당시는 우리나라가 외환위기를 겪고 있던 암울한 시기였다. 때문에 그때 스타벅스가 지금처럼 한국에서 자리 잡으리라고는 아무도 생각하지 못했다. 그러나 세간의 예상을 뒤엎고 멋지게 성공했다. 스타벅스 사업을 계기로 이 여사는 기업과 사회와의 관계에 대해서 남다른 관심을 가지기 시작했다. 이 여사는 기업은 사회와 함께 어우러져 돌아가야 한다고 생각하게 된 것이다. 진심을 숨긴 채 누구에게 보이기 위해서 행하는 사회에 대한 지원이나 봉사는 바람직하지 않다고 강조한다. 생활 속에서 자기의 주변을 생각하고 진정성을 바탕으로 고객들과 우호적인 문화를 창조해 나아가면 기업과 사회가 자연스럽게 어우러지게 될 것이라고 믿고 있다.

이병철 회장의 3남 5녀 중 막내딸로 태어난 이명희 회장은 자녀 중 외모나 성품, 경영감각이 아버지를 가장 많이 닮았다는 평가를 받고 있다. 이 여사는 치밀, 냉철, 담대하다. 본인 스스로가 아버지를 롤 모델로 닮으려고 노력하고 있다고 해야 할 것이다. 본인 스스로 아버지와 자신은 성격에서부터 취향, 생김새, 심지어 좋아하는 음식까지 모두 닮았다고 얘기한다. 특히 관심 있는 분야에 끝까지 집요하게 파고드는 성품은 너무 닮았다고 말한다.

그는 평생 아버지를 닮고자 노력했지만 기업을 경영하면서 지금처럼 아버지의 말이 자기 피부에 와 닿은 적이 없었다고 고백한다. 우리보다 한세대를 앞서 산 아버지가 지금의 21세기를 미리 내다보고 앞으로는 글로벌 경영감각이 기업의 흥망을 좌우할 것이라고 예견한 선견지명에 놀라지 않을 수 없다고 말하고 있다.

이병철 회장은 이여사가 20대 일 때 일찌감치 재벌 2세로서의 경영수업을 시작했었다. 저자가 중앙일보 정치부기자로 일하고 있을 당시 이병철 회장은 대학을 갓 졸업한 이 여사를 중앙일보 편집국에 6개월 동안 파견근무를 시켰다. 이명희 회장은 편집국에서 정치. 경제, 사회부 등 부서를 두루 돌면서 일선기자들과 함께 부처에 출입, 세상 돌아가는 현장을 몸으로 체험할 수 있는 기회를 가졌다.

이명희 회장은 39세가 되던 해 아버지로부터 신세계에서 일하면 어떻겠느냐는 권유를 받았다. 당시 아버지는 여자도 가정에서 안주해서는 안되며 사회에 나가 활동하면서 스스로 발전해야한다는 지론을 가지고 있었다. 아버지의 강요에 이 회장은 현모양처의 꿈을 접고 신세계에서 일을 하기 시작했다.

신세계에 출근하는 첫날 아버지는 딸에게 다음 네 가지의 경영지침을 전해주었다.

첫째, "사람을 믿지 못하면 아예 쓰지 말고 일단 사람을 쓰면 의심하지 말라"였다. 이 가르침에 따라 이 여사는 아버지가 이미 사람을 길러 놓았으니까 그 인재 중에서 자신의 경영방침을 잘 이해하고 실천할 수 있는 전문경영인을 선발하는데 주력했다. 선발한 후에는 전문경영인에게 책임과 권한을 대폭 위임하고 그들이 소신과 신념을 가지고 경영환경변화에 신속히 대응할 수 있도록 배려했다. 그는 오너특유의 자신이 아니면 안 된다는 생각을 버리고 과감하게 전문경영인에게 모든 경영을 맡겼다. 오너가 경영에 감 나라 배 나라 하면서 일일이 간섭을 하면 경영이 제대로 돌아갈 수 없다고 생각했다.

둘째, 아버지는 "남의 말을 열심히 경청하라", "어린이의 말이라도 흘러 버리지 마라", "말을 많이 하면 실언할 가능성이 많고 남의 말을 잘 들으면 많은 것을 얻게 된다"고 충고했다.

셋째, 업무의 우선순위에 따라 일을 처리하라. 업무를 수행하면서 때로는 알아도 모른척 하고 모르면 아는 척 하지 말라

넷째, "기업은 곧 사람이다." 한 사람의 유능한 인재는 기업을 살리고 무능한 사람은 기업을 망친다. 때문에 사람이 가장 중요한 자산이다. 사람을 나무 기르듯 길러라. 꾸준히 인재를 양성하라고 강조했다. 그러나 사람을 볼 때 후천적인 교육보다 선천적인 자질에 더 비중을 두고 선발해야 한다고 조언했다.

이 여사는 지금의 신세계그룹은 아버지가 다 만들어준 것 이라고 말한다. 특히 유통업계에 정상을 달리고 있는 이마트도 아버지의 아이디어에서 출발했다고 한다. 자신은 인재를 중요시 한 아버지가 육성해 놓은 인재 중에서 마음에 드는 전문경영인을 선발한 것 외에 별로 한일이 없다고 겸손해한다. 그는 아버지로부터 배운 경영철학에 따라 회사를 이끌어 갈 유능한 경영자를 선택했다. 그

리고 전문경영인에게 모든 권한을 부여했다. 회사를 경영하는 것은 오너가 아니라 전문경영인이라는 소신 때문이다. 그는 "기업은 결국 사람이므로 정말 반해서 미치도록 따르는 사람이 없으면 위대한 일을 성취 해낼 수 없다"고 주장했다. 경영결과에 대해서는 엄중한 책임을 묻는 경영철학을 택했다. 이는 아버지로부터 배운 것 이라고 고백한다.

세간에는 이명희 회장과 신세계그룹의 전문경영인 사이에 부드럽고 우호적인 조화가 이루어지고 있는 모범적인 그룹이라는 평가를 하고 있다. 이른바 서로 궁합이 잘 맞는다는 얘기다. 현자 형 오너인 이 여사가 사업의 큰 그림과 전략을 세우면 성취 형 전문경영인인 구 학서 회장이 진두지휘를 하고 이마트 이 경상사장, 백화점 석강 사장 등 관계사 사장들이 경영전략을 수립해서 집행해 나간다. 심지어 이들은 이명희 회장에게 정기적으로 정예보고를 하지 않을 정도로 책임경영체제로 운영되고 있다. 모든 경영적 판단은 전문경영인들에게 맡겨져 있는 셈이다.

이 여사는 구학서 회장에게 엄청난 신뢰를 보내고 있다. 아버지께 경영수업을 받은 구 회장은 매사를 신중하게 경정하되 일단 결정이 나면 강력하게 추진하는 경영자라고 평한다. 감정을 절제하고 논리적이고 설득력 있게 행동하기 때문에 사람들의 마음을 움직이는 힘을 가졌지만 한편으로 그는 재미도 없고 아부도 할 줄 모르는 사람이라고 코멘트하고 있다. 그러나 그는 늘 언행에 신중해서 매력이 있고 겸손하다. 재무와 경영에 정통하면서도 또한 학습열이 대단해서 모르는 것은 주저없이 물어보는 우수한 전문경영인 이라고 칭찬한다. 우리재계에서 그룹의 오너가 전문경영인을 매스 컴의 지면을 통해 공개적으로 칭찬하는 사례는 극히 드문 일이다. 오너와 전문경영인 사이에 얼마나 두터운 신뢰가 쌓였으면 하는 생각에 새삼 놀라지 않을 수 없다.

이명희 회장은 신세계그룹이 오늘날처럼 발전한 것은 임직원들 의 피땀 어린 노력의 결과라고 모든 공을 종업원들에게 돌리고 있 다. 그는 신세계 가족들에게 "행복할 때 불행을 생각하고 정상에 올랐을 때 겸손해야 한다."는 아버지의 어록을 신세계 사보를 통해 전하고 있다. 높이 올라 갈수록 더욱 겸손해야 하며 주변으로부터 인정을 받을 때 스스로를 한 번 더 돌아볼 줄 알아야 한다고 강조 한다.

신세계그룹이 추구하는 경영이념은 "투명하고 공정한 경영으로 사회발전을 위해 책임을 다하고, 임직원의 보람과 고객의 행복을 경영의 최우선 목표로 삼으며, 상품과 서비스의 가치를 높여 신뢰 와 사랑을 받는 기업이 된다". 이 기업이념을 실현하기 위해 이명 희 회장을 정점으로 이 여사의 경영철학을 잘 계승하고 있는 정용 진 부회장이 앞장서서 오늘도 신세계그룹은 미래를 향해 달리고 있다. 이 여사는 자신이 아버지로부터 경영을 배운 것처럼 아들 정 용진 부회장에게 스파르타식 경영수업을 시키고 있는 것으로 정평 이 나 있다.

신세계그룹의 후계자로 최근에 와서 그룹경영의 상당부분을 리드하고 있는 정부회장의 인재관(人材觀)과 사람에 대한 욕심은 외할아버지와 어머니의 '인재 제일주의 철학'을 이어 받아서인지 놀라울 정도다. "당장 매출과 손익도 중요하지만 우리 회사의 가장 중요한 자산은 사람"이라는 신념을 가지고 있다. 그는 이상적인 인재상은 '행복한 인재'라며 행복한 인재란 주변 사람과 소통하면서 문제를 해결해나가고 잘못했을 때 솔직히 이를 인정하고 반성할 줄 아는 사람이라고 정의하고 있다. 이런 인재관을 바탕으로 신세계그룹은 2013년 말까지 '시간 선택제' 일자리 1,000개를 만든다. 재계에서는 처음으로 시대변화를 선도하면서 시도하고 있는 이 시스템은 스타벅스 코리아에서 900개, 이마트에서 100개의 시간 선택제 일자리를 만들기로 했다. 시간 선택제 일자리는 근무시간을 풀타임 또는 파트타임으로 선택할 수 있으면서도 시간당 임금과 복리후생 등은 정규직에 준하는 대우를 받는 제도이다. 이 뿐이 아니다. 신세계가 올해 모집하는 순수 신규채용사원만 해도 무려 1만 3,000명, 규모로 따지면 지난해 8,000명보다 60%가 늘어난 숫자를 뽑는 셈이다.

정부회장은 재계에서는 드물게 경영에서 역발상 전략을 구사하는 재벌 3세이다. 정부회장은 우리경제가 불황의 늪을 해매고 있는 이 시점에 재계의 예상을 뒤엎고 "올해 역대 최대 규모인 2조 5,000억원을 투자 하겠다"고 발표, 업계를 놀라게 했다. 이는 당초 상반기에 수립한 올해 전체 투자계획보다 5,000억원이 늘어난 규모이다. 그는 어려운 시기일수록 과감히 투자해 새로운 성장 동력을 확보해야 한다는 소신을 가지고 있다. 신세계그룹이 이번에 중점적으로 투자하는 분야는 경기도 하남에 설립 주인 복합쇼핑몰인 '하남유니온스퀘어'와 동대구 복합환승센타 부지매입, 부산 센텀시티 부지개발 등 모두 현재 신세계그룹이 역점사업으로 추진하고 있는 분야이다.

이명희 회장은 임직원들에게 21세기 글로벌시대를 맞아 시야를 세계로 돌려 안목을 넓혀야 한다고 강조한다. 세상이 어떻게 변화해 가고 있는지, 세계 속의 우리의 위상은 어떤 위치에 있는지, 우리가 치열한 국제경쟁에서 살아남기 위해서는 무엇을 더 발전시키고 보완해야 하는지를 생각하는 사람이 되어야 한다고 주장한다. 글로벌리제이션 시대에 변화와 혁신을 통해 세계시장에서 경쟁할 수 있는 역량을 축적해서 신라시대의 위대한 선각자, 해상왕 장보고장군처럼 세계시장을 상대로 도전해서 승리해야 초스피드로 변화하는 시대에 생존할 수 있다고 말하고 있다.

이 여사의 아버지에 대한 사랑과 추억은 남다르다. 이 여사는 소문 난 효녀로 알려져 있다. 아버지는 막내딸에게 크게 야단하거나 크게 칭찬하지도 않고 항상 정을 주었다. 아버지 생전에 하루에 아침 저녁으로 두 차례 씩 전화통화를 했다. 아버지는 자녀들과 직원들이 이성에 바탕을 둔 풍부한 감성을 지니기를 원했다. 가족 중에서도 비교적 감성이 풍부했던 막내딸을 특별히 좋아했다. 이 여사는 아버지에게 인간적으로 반했고 아버지도 딸에게 반했을 것이라고 믿고 있다고 회고한다.

아버지는 1976년에 위암, '86년에 폐암진단을 받고 1987년에 세상을 떠났다. 1976년 아버지가 최초로 위암진단을 받았을 때 이 여사는 아버지 곁에서 슬픔을 주체하지 못하고 하염없이 울었다. 철없는 막내딸에게 아버지는 그간 손수 조사한 위암완치사례, 치료방법 등을 보여주면서 오히려 딸을 위로했다고 말한다. 아버지가 도쿄에서 수술을 받을 때 이 여사는 동행했다. 수술이 끝나고 난 후 아버지에게 수술실에 들어갈 때 무슨 생각을 했느냐고 물었더니 아버지는 "니가" 하면서 말을 잇지 못하고 눈물만 글썽이었다고. 이 여사는 아버지 가슴에 얼굴을 묻고 하염없이 눈물을 흘렸다. 이 여사는 언론에 보도되는 아버지에 관련된 기사라면 그것이 아무리 작은 단신이라도 즉각 스크랩해서 보관하고 그 내용이 좋으면 기사를 복사해서 신세계 임직원들에게 나누어주고 일독을 권했다. 한때 이 여사가 안양골프장에서 골프를 치면서 아버지의 허리를 뒤에서 밀어주는 장면이 모 방송국 카메라에 잡혀 부녀간의 애틋한 사랑이 시청자들의 심금을 울렸고 한동안 장안의 화제가 되기도 했다. 아버지는 막내딸을 엄청나게 사랑했고 막내딸은 아버지를 이 세상에서 가장 닮고 싶은 우상으로 존경하고 있다고 해야 할 것이다.

(2013년 10월 10일)

제2편

잊을 수 없는 사람들

01
한국 유통업계에 신화를 창조한 CEO,
이승한 홈플러스 회장

세계 60개국의 기업가정신을 비교 연구하는 '글로벌기업가정신 연구'(GEM)는 최근 연구보고서를 통해 "중진국까지의 성장은 열심히 일하는 효율성이 주도하지만 선진국 진입은 '혁신을 이끄는 기업가 정신'이 주도한다"고 주장했다. 이미 20년 전에 이 보고서의 핵심을 그대로 실천에 옮겨 우리나라 유통업계에 신화를 창조한 최고경영자가 바로 홈플러스㈜의 이승한 회장이다.

과거 대형할인점 하면 당연히 우리나라에 처음 진출해서 시범을 보인 월마트처럼 미국식 창고형 할인점이었다. 건물의 코어층인 1~2층에는 가장 접객효과가 큰 화장품, 귀금속, 명품점 등이 입점하는 것이 상식이었다. 이 핵심적 위치에 이승한 회장이 판매시설과는 거리가 먼 '문화센터'라는 고객을 위한 서비스공간으로 내놓았으니 업계는 물론 경영을 좀 안다는 경영자들도 모두가 경악했다.

2000년 홈플러스 안산점 문을 열던 날 건물의 시설배치현황을 둘러본 당시 내 노라 하는 유통전문가들과 영국 테스코 임직원들마저 고개를 절레절레 저었다고 한다.

이는 놀랍게도 창고형 물리적 건물인 할인점에 '가치'라는 살아 숨 쉬는 생명을 불어넣는 시도였다. 고객들이 쾌적한 공간에서 문화 생활서비스를 받을 수 있도록 하는 가치를 창조하는 개념(value store)으로 바꾸는 혁명적인 결단이었다. 이 회장은 할인점이 선진 미국, 유럽에서 우리나라에 도입되었지만 외국 시스템과 경영기법을 그대로 답습하지 않고 한국소비자의 욕구와 특성을 반영한 한국고유의 할인점으로 재 창조해낸 것이다.

이 회장은 보통의 경영자들이 부러워하는 '꿈과 열정'을 지녔다. '창조'라는 단어에 한 몸을 던진 창조전도사다. 이것은 그가 시대를 앞선 수평적 사고를 바탕으로 모험에 정면 도전하는 최고 경영자였기 때문에 가능했던 '사건'이었다. 또한 학창시절에 엄청난 양의 독서를 통해 축적한 문학, 음악, 철학 등 인문학적 소양이 뒷받침해준데다 삼성물산 런던지점장 시절 유럽과 미국의 선진 유통시설을 발로 뛰면서 보고, 느끼고, 연구를 통해 얻어낸 지식과 경험이 오늘날의 한국고유의 홈플러스를 창조해 낸 원천이었다.

유통분야에 관한한 홈플러스가 세계의 표준을 만들어가야 한다는 이 회장의 집념 때문인지 이제 그의 소망대로 홈플러스는 당당하게 세계유통산업의 스탠더드로 자리 잡았다. 놀랍게도 한국이 세계의 유통산업의 표준을 만들어낸 것이다. 홈플러스의 신화에 대해 외국전문 컨설팅그룹들도 찬사를 보내고 있다. 골드만삭스는 "홈플러스의 성공은 강한 현지화 전략의 추진에서 비롯된 것"이라고 말했고 도이치 방크는 "홈플러스의 점포는 재래시장분위기와 선진유통기법을 조화시킨 점포다. 홈플러스는 가장 유망한 유통기업이다"라고 평했다.

그의 성공사례는 세계최고권위를 자랑하는 미국 하버드대 비즈니스 스쿨 특강으로 이어진다. 이승한 회장은 2005년 3월 국내유통업체 최고경영자로서는 처음으로 '홈플러스 성공전략과 새로운 경영이론'이라는 주제로 특강을 했다. 이 회장은 특강에서 홈플러스 고유의 경영이론과 홈플러스가 월마트, 까르푸 등 세계적인 할인점들과의 경쟁에서 승리하고 한국유통시장에서 두각을 나타내게 된 경영노하우를 솔직하게 강의해 엄청난 반향을 불러 일으켰다. 하버드 강의를 계기로 홈플러스는 국내외 대학, 대학원에서 중요한 경영마케팅 성공사례로 연구되고 있다. 이제 재계가 공인하는 '창의경영자의 대표'격인 그에게 최근 대학. 기업체, 지자체 등에서 특강요청이 몰려오고 있다. 외부특강 때 그는 청바지에 티셔츠를 즐겨 입는다. 정장이 아닌 자유분방한 복장에서 창의가 샘솟는 것일까. 기발한 발상을 하는 사람들은 서로 통하는지 특강을 이어나가는 솜씨나 매너, 복장 등을 보면 왕년의 애플 창업자 스티브 잡스를 연상케 한다.

그의 비범한 발상의 전환과 모험은 놀라운 결과로 나타났다. 2012년 말 현재로 홈플러스 그룹은 133개의 홈플러스, 358개의 홈플러스 익스프레스 점포를 보유하고 있으며 인터넷쇼핑몰과 신 유통서비스 등 신사업도 강화해 나가고 있다. 전체 임직원은 2만 6,000명, 매출은 11조원으로 출발 당시 유통업계 바닥인 12위에서 2위로 도약했다. 2011년 삼성물산과 테스코는 10여년 간의 합작관계를 청산하였다. 테스코는 삼성이 가지고 있던 잔여지분을 모두 인수하였다. 그러면서 삼성 테스코는 사명을 홈플러스로 바꾸었다. 삼성 테스코라는 법인과 홈플러스는 점포의 브랜드가 일체화되었다.

1999년 2개의 점포로 출발한지 4년 만인 2003년 말 삼성 테스코 홈플러스는 28개 점포를 확대하여 매출 3조 3,000억원을 달성함으로써 5년에 못 미치는 짧은 기간 내에 국내할인점 업계 3위에 올랐다. 이어 아시아 최대 물류유통시설인 목천 물류서비스 센터를 개설했다. 홈플러스는 2004년에 사회공헌기업 비전을 선포하고 문화교육경영, 나눔 경영, 환경경영을 사회공헌의 3대 주제로 설정하는 등 사회공헌활동 체계를 정립하였다. 나아가 임직원 나눔 봉사단 창단, 아름다운 가게와의 제휴, 전국규모의 홈플러스 나눔 바자회 개최, 전국최대의 어린이환경운동 전개 등 폭넓은 사회공헌활동을 펼쳤다. 그 결과 사화공헌기업대상, 친환경경영대상, 녹색경영대상을 수상하면서 최고의 사화공헌기업으로 인정받았다.

2005년 서비스인프라가 취약한 중소 지방 신도시에 맞춘 새로운 형태의 점포 Compact Format을 개발하여 지역주민들의 삶의 질 향상에 기여하였다. 문화센터 회원 100만 명 돌파와 함께 다양한 교육프로그램을 펼쳐 지역사회의 문화발전에 기여함으로써 평생교육의 장으로 발전하였다. 2004년 NCSI에 이어 KCSI와 KS-SQI등 고객만족도 조사에서 1위를 차지함으로써 고객에게 가장 사랑받는 기업으로 자리매김 했다. 2006년 홈플러스 50호점 돌파, 연평균 67% 매출신장률, 물류혁신을 주도하며 지속적인 성장의 기반을 마련하였다. 삼성 테스코는 성장과 기여의 양대 축을 바탕으로 가장 존경받는 기업으로 인정받아 사회적 책임경영대상, 포브스 사회공헌대상을 수상한 것이다. 이밖에 그 동안 150여개의 각종 상을 받았는데 2004년에 이승한 회장은 산업계의 최고영예인 금탑산업훈장을 수상했다.

2008년 5월 홈플러스는 이랜드로부터 홈에버 35개 점포를 전격 인수하여 기존점포 72개 등 전국에 총 107개 점포를 확보하게 되었다. 홈플러스는 홈에버 인수절차를 완료하고 10월부터 그룹체제로 출범하였다. 홈플러스 그룹은 삼성테스코(주)(기존 홈플러스), 이랜드에서 인수한 홈플러스 테스코(주)(구 홈에버), 베이커리회사 아띠제 블랑제리(주) 등 3사를 거느리게 되었으며 홈플러스의 이승한 사장이 그룹회장으로 취임하였다.

이 회장은 1970년 1월 삼성그룹 공채 11기로 삼성에 입사, 제일모직을 거쳐 1978년 삼성물산 런던지점장으로 발령을 받는다. 1994년 삼성그룹 회장비서실 신 경영추진팀장 전무로 발탁되고 그는 태평로에 로댕갤러리를, 한남동에 리움미술관을, 종로에는 종로타워를 건설했다. 1996년에는 도곡 디지털파크 건립계획안을 완성했고, 1997년 이 회장은 삼성물산 유통부문 대표이사로 임명되어 1999년 삼성테스코 홈플러스를 창립하기 이전까지 동사를 경영하였다.

이승한 회장은 독실한 크리스천이다. 그에게도 엄청난 시련이 있었다. 아들의 죽음과 부인의 암 투병 생활을 지켜보던 7년간의 시간은 그야말로 고통 그 자체였다고 말한다. 하지만 돌이켜보면 또 다른 방식으로 자신을 단련시킨 의미 있는 시간이기도 했다고 고백한다. 그래서 그는 "은혜는 겨울에 자란다"고 믿고 있다. 또한 그는 '우리가 환난 중에도 즐거워하나니 이는 환난은 인내를, 인내는 연단을, 연단은 소망을 이루는 줄 앎이로다(로마서 5:3~4)라는 성경구절을 가장 즐겨 묵상한다고 한다.

양의 동서를 막론하고 한 남자의 성공의 저 너머에는 반드시 훌륭한 어머니나 어진 아내가 있었다. 이 회장의 성공에도 부인 엄정희 여사의 존재가 절대적이었다. 경상도 산골 정미소집 아들로 태어난 이 회장이 1960년대 여성들의 최고 엘리트코스로 평가받던 경기여고, 이화여대 영문과 출신으로 영국 사우스탬즈대학에서 수학한 엄 여사를 만남으로써 성공의 싹이 트기 시작한 것이다. 부인 엄 여사는 독실한 기독교 신자로 늦깎이로 상담심리학을 전공, 백석대학교에서 박사학위를 취득하고 현재 서울사이버대학 상담심리학과 교수로 재직하면서 자기 전공분야에서 명강사로 바쁜 나날을 보내고 있다. 이 회장은 공사석을 막론하고 엄 교수를 나의 '보스'라고 호칭할 정도로 부인을 사랑하는 못 말리는 닭살부부의 표본이다.

이 회장의 성공관은 확고하다. 성공에 대한 확신 그리고 포기하지 않는 노력의 결실이 창조로 나타난다고 강조한다. 이 회장은 '큰 바위 얼굴의 열정'이란 홈플러스 발간 책자에서 '먼저 불타지 않으면 타인을 불태울 수 없다는 열정'을, 보이지 않는 저 너머를 보라는 창의를, 우리가 만들면 글로벌 스탠더드라는 한류를, 마지막으로 사회에 기여하기 위해 우리는 작은 의자가 되어야 한다고 주장하고 있다.

이 회장의 경영철학체계는 경영을 하는데 있어서 "생각의 흐름을 타라"는 사고방식에 따라 집을 건축하는 요소들의 흐름으로 표현되고 있다. 즉 먼저 비전의 지붕을 만들고, 사명과 가치의 지반을 다지며, 그 위에 문화의 바닥을 만들고, 원칙의 주춧돌을 놓는다. 그리고 그 위에 창조, 차별화, 혁신, 역량, 협력, 기여라는 전략적 기둥을 세우고 경영의 목표를 한 방향으로 관리해간다. 이 회장은 이를 '비전 하우스'라고 명명했다. 이 프레임은 홈플러스 14년의 발자취를 담은 틀이며, 홈플러스의 신화를 만드는 성공의 바탕이 되고 있다. 홈플러스의 정량적 비전은 '2012년까지 한국에서 1등 대형마트가 되는 것이었다. 정성적 비전은 세계최고의 가치의 유통회사이다. 이러한 비전을 실현하기 위하여 '고객을 위해 항상 착한 가치를 창조한다'는 사명, 6대 핵심가치, 신바레이션 조직문화, 5대 경영원칙, 6대 경영전략을 선정하고 이를 추진하고 있다.

이 회장은 그의 후임 CEO 양성에도 성공했다. 지난 4월 2일 홈플러스의 새 최고경영자에 취임한 도성환 사장이 바로 그 주인공이다. 유통업계에서는 도사장을 '이승한사단'의 한 멤버라고 말한다. 1999년 재무 담당이사로 홈플러스 설립의 주역 중 한 사람으로 회사에 합류한 도사장은 당시 이승한 회장 집에서 다른 임원들과 함께 살다시피 했다고 한다. 두 사람은 서로 닮은 점이 많은 것으로 알려져 있다. 이 회장의 권유로 기독교인이 된 것 그리고 다같이 '워커홀릭'으로 난형난제라는 것. 그는 이승한회장이 삼성그룹 신 경영추진팀장이던 1994년 당시 하루가 멀다 하고 저녁 늦게 다시 회사에 들어오는 것을 보고는 그의 일에 대한 열정에 손을 들고 말았다고 회고한다. 도사장도 주말을 거의 반납하고 회사에 출근해서, 일을 꼼꼼히 챙기는 바람에 회사에서는 '도 대리'라는 별명을 얻었다고 한다. 도 사장은 홈플러스 그룹 최초에 지점장출신 대표이사이다. 그는 2008년 홈플러스가 인수한 홈플러스테스코(구 홈에버)의 대표를 맡아 불과 1년 만에 적자투성이의 회사를 흑자로 전환시키는데 성공함으로써 신임 홈플러스 사장에 오르게 된 것이다.

최근 후계구도를 완성한 이승한 회장은 E파란재단 이사장으로 테스코 그룹 경영자문을 하면서 오늘도 미래를 향해 꿈을 꾸고 있다. 아담한 체구에 늘 미소를 잃지 않는 긍정의 사나이 이 회장의 성공사례는 21세기 국제화시대에 CEO를 꿈꾸고 있는 젊은이들에게 벤치마킹의 좋은 모델이 되고 있다.

(2013년 4월 10일)

02

장기영(張基榮) 경제부총리는 역시 보스였다

– 화를 웃음으로 감내하는 대인이었다 –

1961년 3월 초순 어느 화요일로 기억된다. 당시 한국일보 편집국기자들을 대상으로 장기영 사주가 매주 정기적으로 개최하는 "화요회(火曜會)"는 기자들에게 공포의 회의였다. 모든 기자들은 혹시나 장기영(張基榮)사주의 날벼락이 자신에게 떨어지지 않을까 전전긍긍하는 날이었기 때문이다. 그날 화요회는 특이한 케이스였다. 일주일 전에 장 사주의 특명으로 신문사의 막내 기자인 11기 기자와 12기 수습기자들(1960년 12월 15일 입사, 당시는 일본식 용어인 견습기자로 불렀다)이 한국일보사의 경영개선에 대한 의견을 개진하도록 되어있었다.

장 사주가 편집국 상좌에 좌정하고 필자를 비롯한 20명의 올챙이 기자들이 피고석에 배치되고 전 편집국 임직원들이 배석한 가운데, 그 넓은 편집국에서 화요조회가 시작되었다. 어쩌면 수습기자들의 실력 테스트장이 될지도 모르기 때문에 우리 동료 수습기자들은 나름대로 준비한 한국일보의 발전을 위한 웅대한 설계를 차례대로 일어나 정견 발표식으로 펼쳐나갔다.

그러나 나의 기대와는 달리 우리 동료들은 한결같이 장 사주를 칭송하는 용비어천가를 늘어놓는 바람에 장 사주에게는 기분 좋은 분위기로 회의가 진행되었다. 드디어 나의 차례가 되었다. 나는 앞서 발표한 동료들의 아부성 발언에 실망한 나머지 나 자신도 모르게 가히 폭탄 선언적 내용을 가지고 열변을 토하기 시작했다. 발표제목도 스스로 내가 정했다. "내가 만약 한국일보의 사장이라면"이라는 제법 건방진 표제를 걸어놓고 당시 발언한 주요 골자는 대충 이러했다.

첫째, 인사제도를 개선하겠다.

당시 장 사주의 인사스타일은 부서장들의 의견을 듣는 상향식은 찾아볼 수 없었고 모든 직원들의 인사를 혼자 결정했었다. 그래서 나는 회사의 인사는 보스가 모든 것을 결정하는 하향식이 아닌 책임과 권한이 부서장에게 일부나마 이양되는 상향식이 되어야한다고 주장하고 나섰다.

둘째, 도서실과 조사부를 강화하겠다.

그때는 온 국민이 거지나 다름이 없었다. 기초적인 호구지책이 어려운 시대였다. 도서실은 사치에 가까운 시설이었다. 다른 신문사는 도서실이나 조사부의 형식만 구비했을 뿐 한마디로 엉망이었다. 그러나 한국일보의 도서실과 조사부에는 그래도 우리나라 언론계에서는 최첨단이라 할 정도로 자료와 정보가 많았다. 언론계에서는 경쟁상대가 없을 정도로 도서와 자료를 구비해 놓았는데도 내가 시비를 걸었으니 장 사주의 마음이 몹시 아프셨으리라.

셋째, 사원들의 복지 후생을 증진시키겠다.

사실 그 시절에 복지후생을 언급하는 자체가 말이 안 되는 소리였다. 대학생들은 졸업과 동시에 실업자가 되는 것이 공식이었는데 먹고 살 수 있도록 취직을 시켜 준 분에게 처우타령을 했으니. 그런데도 세상 물정을 잘 몰랐던 나는 내가 만약 사장이 된다면 사원들의 대우를 개선하겠다고 공약을 했다.

모든 편집국 기자들에게 공포의 대상인 화요회에서 풋내기 수습 기자가 이런 당돌한 폭탄선언을 했으니 그날의 회의 분위기는 짐작이 가고도 남으리라. 당대의 언론계의 거물로 대인의 풍모를 지닌 장사주의 표정도 표정이려니와 나의 직속상사들의 입장은 어떠했겠는가? 나의 기억으로는 그날 회의장은 물을 끼얹은 듯 조용했으며 간부들의 표정은 안절부절, 정말 참담한 모습 그대로였던 것으로 기억된다. 대조적으로 젊은 기자들은 시원하게 한방 잘 날렸다는 표정으로 나의 눈을 응시하면서 무언의 응원을 보내고 있었다. 조회가 끝나자 사내의 삐딱한 비판세력들은 나에게 달려와 격려를 보내고 악수를 청하기도 했다.

드디어 올 것이 왔다. 다음날 아침 장 사주는 나에게 그가 매일 아침 직접 주재하는 논설회의에 참석하라는 특명이 떨어졌다. 이제는 죽었구나 하는 생각에 어색한 표정으로 회의장에 들어서는 나에게 장 사주는 "자네는 장차 사장감이야! 이 기자는 논설회의에 참가할 자격이 있어"라고 말하고는 자기의 바로 옆자리에 앉으라고 명령했다.

회의가 끝날 무렵 장 사주는 "이 기자가 어제 우리 신문사에 책이 없다고 했지?" 하면서 곧바로 두툼한 영문원서 한권을 책장에서 꺼내 주면서 이 책을 읽고 내일 아침까지 내용을 요약해서 보고하라는 엄명을 내리는 것이었다. 나는 그날 밤 영어에 능통한 친구세 명을 긴급수배해서 동원, 밤새 책을 분담해서 읽고 요약해서 이튿날 아침 장 사주에게 내용을 브리핑하는 것으로 겨우 특사를 받고 풀려났다. 정말 장 사주는 보스였다. 화를 내야할 때 웃음으로 감내할 수 있는 대인이었다. 철부지 젊은이에게 얼마나 화가 났겠는가? 지금도 미안한 생각이 든다. 그 화요회 사건 이후 나는 장 사주의 각별한 사랑을 받았다.

어느날 장 사주는 메모지에 자신의 측근임을 증명하는 「秘(비)-5」자를 쓴 증명서(?)를 써서 비밀리에 나에게 건네주었고 신문사에서 조금 떨어진 식당에 나를 불러 단둘이 불고기 파티를 열어주기도 했다. 경제부총리로 취임한 장 사주는 1965년 4월 어느날 나의 결혼식을 며칠 앞두고 그 바쁜 틈에도 나를 부총리실로 호출, 결혼축하의 말과 함께 축의금으로 두툼한 봉투를 전해 주었다. 반세기의 세월이 흐른 지금도 장 사주의 그 세심한 배려, 통 큰 포용력과 자상한 인간미를 잊을 수 없다.

(1991년 4월 11일, 續續 百人百想, 우리가 아는 장기영 사주)

03

매일경제신문사 창업자
정진기(鄭進基)형을 생각한다

안국동 대폿집의 고담준론(高談峻論)

나는 매일경제신문사 창업자 정진기 사장을 '형'이라 부른다. 진기 형과 나는 남다른 특수한 인연을 가지고 있다. 말하자면 나는 흔히 쓰는 말로 진기 형의 「스트레스해소 센터」, 더 정확히 표현하면 「분풀이 센터」 역할을 담당해 주었다. 진기 형이 나에게 언제나 허물없이 대하게 된 것은 우선 나이가 나보다 몇 살 위였는데도 이심전심으로 마음이 통했는지 우리 둘 사이에는 무엇이든지 털어놓고 얘기를 나누는 선후배였기 때문이라 생각된다.

1963년도로 기억되는데 진기 형은 한국일보자매지 서울경제신문 경제부에서 나는 한국일보 정치부기자로 국회에 함께 출입하고 있었다. 우리 두 사람은 특별한 일이 없으면 국회에서 취재를 마치고 회사로 귀사하는 길에 늘 동행했다. 진기 형이 공사 간에 부닥

친 일로 마음이 울적하거나 기분이 좋은 날 저녁이면 퇴근길에 나는 진기 형에게 호출 당한다. 안국동 한국일보 주변 대폿집에 자리를 같이하게 되면 진기형의 속사포 같은 고담준론이 시작된다. 크게는 세계정세로부터 작게는 사생활에 이르기까지 범위가 엄청나게 넓다. 그러나 어느 날이든 그의 연설의 골자를 추려보면 대충 우리나라 경제 전반에 걸친 해설, 장기영 사장의 신문사 경영방침, 간부들의 리더십, 신문 제작론을 거쳐 마지막에는 경제신문의 진로로 좁혀지는데 말문이 한번 터지면 밤이 깊은 줄 모른다.

이때 진기 형은 언제나 「내가 만약 사장이라면……」, 「광고국장이라면, 경제부장이라면……」 등 단서를 붙여 가며 시시비비를 논하고, 기발한 정책대안과 처방까지 제시하고서는 나의 의견을 묻는다. 나는 이 때 가능한 한 진기 형의 의견에 기분 좋게 동의해준다. 내가 때때로 이론(異論)을 제기하면 진기 형의 연설의 톤은 점점 높아지고 스트레스해소 센터의 분위기는 더욱 고조되곤 했었다. 진기 형은 신문 제작에 있어서 자신의 주장과 의견이 지면에 제대로 반영되지 않으면 그냥 참지 못하고 끝까지 자기의 의견을 굽히지 않았다. 신문기사의 내용을 가지고도 부장과 의견이 상충되면 기어이 자신의 주장을 관철하려고 했으며 끝내 자신의 생각이 실현되지 않으면 나나 동료들에게로 자신의 주장을 어떤 방법으로든지 털어놓을 정도로 집념이 강한 사람이었다. 진기 형은 마치 이 세상에 태어날 때부터 신문을 위해서 출생한 사람처럼 보였다. 그는 인생 전부를 송두리채 신문에 전력투구한 사람이었다.

진기 형은 학구열도 대단했다. 서울경제신문사 기자로 재직하면서 국학대학인지 국제대학인지 기억이 확실치는 않으나 야간대학에 경제학 강사로 출강까지 했었다. 학생들에게 현장감 있는 강의 내용과 하이 톤에 속사포 같은 강의로 상당히 인기가 있었다고 한다. 더구나 기분이 울적한 일이 생긴 날에 강의가 있으면 그날의 수업시간에는 정말 사자후(獅子吼)를 토해 내었다고 한다. 진기 형은 자신의 실력과 능력을 상대가 제대로 알아주지 않을 때는 무서울 정도로 화를 내고 마음 아파했었다.

　그러던 어느 날 진기 형이 퇴근길에 나에게 만나자고 연락을 해왔다. "이형! 나 신문사 하나 만들기로 결심 했소"하고 폭탄선언을 하는 것이었다. 나는 조건반사적으로 "진기 형! 신문사는 아무나 하는 게 아닙니다. 가능하다면 이제라도 그 결심을 바꾸시지요. 다시 한 번 신중히 생각하십시오."하면서 그 자리에서 만류했다. 이때 진기 형은 나에게 경제신문 창간에 따른 마스터플랜과 신문사 사장 학을 설명하기 시작했다. 그의 불같은 신념, 주도면밀한 준비, 금시초문인 혁신적인 사장 학, 멀리 내다보는 신문경영철학 등에 대한 열변을 듣고는 나는 "그렇다면 무조건 한번 해보십시오."하고 그의 손을 들어주고 말았다.

　흔히 샐러리맨들이 한번쯤 꾸는 몽상이려니 했던 나의 예상은 180도 빗나가고 말았다. 정말 진기 형을 다시 보게 되었다. 무엇보다 그의 정렬과 치밀한 계획에 압도당하고 말았다. 소공동 허름한 사옥에서 모 신문사가 폐기처분한 윤전기를 건물 지하에다 옮겨

신문제작을 시작한지 몇 년, 정녕 진기 형은 그의 꿈을 실현해냈다. 샐러리맨도 신문을 창업할 수 있다는 새로운 기록을 만들어 낸 것이다. 우리 언론사에 찾아보기 어려운 기적에 가까운 일이었다. 그는 마침내 우리나라 언론사에 큼직한 족적을 남겼다. 내가 알기에는 진기 형은 신문기자 시절 나에게 열을 올리며 신문사경영에 대한 대안(代案)으로 제시했던 경영철학, 언론사 사장 학, 새로운 신문제작 노하우, 경제신문이 나아가야 할 길…… 등 거의 대부분을 실현했거나 그의 큰 꿈을 마무리하려고 노력하는 과정에 어느 날 갑자기 세상을 떠나고 말았다.

그는 자신이 근무했던 서울경제신문과 한국일보의 사주였던 장기영사장의 신문사경영철학과 방법을 거의 그대로 벤치마킹했다. 특히 인재에 대한 욕심은 장 사주 못지않았다. 1960년대 한국일보는 언론계에 인재를 공급하는 언론인 사관학교의 기능을 담당하고 있었다. 진기 형은 매일경제신문사의 경영여건이나 위상이 걸음마 단계인데도 불구하고 매경 맨을 키우기 위한 욕심으로 수습기자 모집을 단행했다. 당시 젊은이들의 취업이 하늘에 별 따기로 어려웠던 상황이라 우수한 인재들이 모여들었다. 진기 형의 모험은 그래서 성공했다. 그 후 매경이 도약할 수 있었던 원동력은 바로 이들 수습기자출신들이 있었기에 가능했던 것이다. 진기 형의 성공은 역시 우연이 아닌 앞을 내다보는 안목이 있었기 때문이었다.

진기 형의 언론관은 독특했다. 60~70년대 한국 언론은 무조건 비판일변도로 경도되어 있었다. 칭찬은 거의 금기였다. 그러나 그는 한창 산업화와 공업화가 진행되는 과정에 있는 한국경제에서 제조업이 차지한 위상을 높이 평가, 필요하면 과감하게 칭찬하는 기사를 지면에 실었다. 기업체들과 우호관계가 형성되면서 당시 매경이 거의 영향력이 없었던 신문임에도 불구하고 기업체들의 광고가 들어오기 시작했다. 때문에 사세는 하루가 다르게 신장되어 갔다. 진기 형의 시대를 앞선 언론관도 성공의 큰 요인의 하나라고 생각된다. 그는 신문에 새로운 특집기사나 기획기사를 올렸을 때는 예외 없이 나에게 연락을 해왔다. 늘 독자들의 반응을 궁금해 했다. 여러 경로를 통해 모니터링하면서 나와는 한 달에 한 두 번은 직접만나 의견을 들었다. 그때마다 나는 메모해두었던 자료를 가지고 그에게 의견을 개진하고 장·단점을 설명해 주었다. 그의 경청하던 모습이 지금도 잊혀지지 않는다. 한마디로 그는 신문에 목숨을 건 사람이었다.

진기 형은 늘 따뜻한 마음을 가진 사람이었다. 그가 서울경제신문 기자 시절에 인연을 맺었던 모든 사람들에게 그의 마음을 나누어 가졌다. 흔히 사람이 살아가는 동안에 좀 잘되면 옛날을 잊기 마련이다. 그러나 그의 인간미는 항상 끈끈하게 이어져 한결같이 변함이 없었다. 진기 형은 인간관계에 있어서 나쁜 기억은 쉽게 잊고 또 잊으려고 노력하는 사람이었다. 지난 일을 따지지 않았다. 좋은 일이든 나쁜 일이든 누군가와 한번 맺은 인연을 무척이나 소중하게 생각하는 폭넓고 통이 큰 사나이였다. 그러기에 진기 형이 성공해서 매일경제 사장이 된 다음 보통사람들의 상상을 초월하는 일을 하기도 했다. 그가 일선기자일 때, 윗 간부로서 한때 인간적으로 그를 정말 고달프게 했던 상사까지도 자신의 회사에 모셔와 중책을 맡겼다. 그런가 하면 같이 일하던 회사에서 늘 비주류로 그늘에 가려 고생만 하고 있던 선후배 동료들까지도 불러와 자리를 주기도 했다.

미지의 세계에 대한 도전, 새로운 것을 향해 끊임없이 파고드는 탐구정신, 항상 자신이 부족하다고 생각하면서 연구하고 학습하는 자세, 이것들이 바로 진기 형의 생활태도요 철학이었다. 매일경제신문을 창간한 이후 진기 형의 학구열은 더욱 거세어져 갔다. 내가 1980년 초 어느 초여름 오후 진기 형의 신문사 사장실을 방문하게 되었다. 이 때 놀랍게도 진기 형은 이어폰을 귀에 끼고 혼잣말로 무언가 열심히 읊고 있었다. 가만히 들어보니 영어회화 테이프를 듣고 있는 중이었다. 내가 깜짝 놀라 "왜 이러십니까? 나이 드셔 가면서……"하고 농담을 걸자 진기 형은 그 특유의 미소를 지으면서 "이형, IPI 등 국제회의에 나가보니 영어 못하고는 꼼짝 못 하겠습디다. 국제화시대에 신문사 사장을 하려면 영어는 꼭 해야 돼……" 하면서 영어 필수 론을 토로하기 시작했다. 내가 "정 선배! 지금 영어공부 시작해서 언제 제대로 써먹겠습니까?"하고 눈치를 살피자 진기 형은 "이 형! 두고 보시오. 멀지 않아 내가 국제회의에서 기조연설을 할 정도로 영어수준을 끌어올릴 테니까"라고 자신에 찬 모습으로 말하고 있었다.

알고 보니 그 당시 진기 형은 자택과 사무실은 물론 승용차 안

어디에서나 시간만 나면 영어회화 테이프를 들었다고 한다. 아마 지금까지 진기 형이 생존해 있었다면 그가 소망하던 IPI 총회에서 유창한 영어로 기조연설을 할 수 있으리라 확신한다. 진기 형은 자신 못지않게 기자들에게도 항상 공부하도록 강요했다. 기자들에게 공부를 하라고 지시해도 별 성과가 나타나지 않자 어느날 그는 자신이 직접 돈을 들고 시내 여러 대학원을 찾아가 몇몇 기자들을 본인들도 모르게 등록시켜 버렸다. 그리고는 한 학기가 지날 때 마다 기자들의 성적표를 직접 체크하는 극성을 보이기도 했다. 당시 내가 "하기 싫어하는 공부는 왜 시킵니까?"라고 물으면 "모르면서 아는 체하는 사람, 특히 자기가 모른다는 자체를 모르는 사람이 가장 싫다"고 역설하면서 언젠가는 간부들이 자기를 이해할 날이 올 것이라고 말하곤 했다. 역시 진기 형의 앞을 내다보는 선견성의 성과는 불과 1~2년 후에 매일경제신문 지면에 그대로 나타났고 오늘날 우리나라제일의 경제신문을 창조하는 데 밑거름이 된 것이라 생각된다.

나는 진기 형의 요청에 따라 세 번이나 매일경제신문과 직장으로 인연을 맺을 뻔 했다. 당시 백인호 국장(매경 전 편집국장, YTN사장)이 진기 형과 나 사이에의 분위기를 조성한 탓도 있었지만 진기 형은 1980년에는 기어코 매경에서 함께 일하자고 강력하게 제의해 왔었다. 그때마다 나는 멀리서 서로 보아야 우정이 오래간다는 말로 그의 제의를 거절 했었다. 여러 가지 사정 때문에 진기 형과 함께 일할 기회를 갖지 못했지만 지금도 가끔 자상한 형이 동생을 설득하듯 얘기하던 그의 모습이 떠오른다. 나는 끝까지 매경의 명예 사외이사로 남아 있은 셈이다.

인간의 인연이란 묘한 것인지, 진기 형이 마지막 현대의술에 기대를 걸고 입원했던 바로 그 서울대학교 의과대학 서울대병원, 당시 내과 과장이었던 최규완 박사(그 후 삼성의료원 원장, 대통령주치의)에게 그를 소개한 사람이 바로 나였다. 강남 모병원에서 위염이라고 진단한 의사소견을 철석같이 믿고 병실에서 소화제만 먹고 있던 진기 형, 우연히 병문안을 간 내가 한눈에 봐도 중병이라는 생각이 들어 백인호 이사와 협의, 최박사에게 특별히 부탁해서 서울대학교 의과대학 병원으로 옮겼다. 혹시나 했던 두려움은 현실이 되고 말았다. 진단을 마친 최박사는 고개를 저으며 이미 늦었다고, 췌장암 말기란다. 백이사와 나는 열린 입을 다물지 못했다. 그로부터 한 달 뒤 진기 형은 자기분신처럼 아끼던 매일경제를 그대로 두고 멀리 하늘나라로 떠나고 말았다. 할 일이 태산 같은데 그 일들을 완성하지 못하고 얼마나 이 세상을 떠나기 싫었을까. 안타까울 뿐이다. 진기 형은 신문을 위해서 태어난 사람, 끊임없이 새로운 것을 향해 줄달음친 정력의 화신, 이 세상 끝나는 날까지 따뜻한 정과 순수성을 지녔던 신문인이요, 말과 행동이 일치하는, 늘 전원냄새가 풍기는 소탈하고 정직한 경영자의 모델이었다.

(1988년 7월 17일, 내가 아는 정진기 사장/ 특근기자, 매일경제신문사)

04

소탈하면서도 강력한 추진력을 지녔던
최고경영자, 한성대, 서정희 이사장

서정희 박사님! 나에게는 역시 서 이사장이라고 부르는 것이 더 익숙하군요. 서 이사장님! 아무리 생각해도 너무 일찍 가셨습니다. 이 세상에서 할 일이 그렇게 많았는데. 한성학원을 세계적인 대학으로 도약시키겠다던 꿈을 미완성 숙제로 남겨둔 채. 서 이사장님이 떠나신지 벌써 1년, 세월이 너무 빠르군요. 하늘나라에서도 여전히 정력적으로 일하고 계시겠지요?

내가 일생동안 살아오면서 눈빛만 보아도 서로 생각을 감지할 수 있었던 세 분이 있었습니다. 그 중의 한 분이 서 이사장이었습니다. 이른바 코드가 잘 맞는 관계라고 할까요. 서 이사장님과 나는 낙산 동산에서 일하면서 서로 지시나 보고가 필요 없는, 이심 전심으로 통하는 사이였습니다. 한성학원을 하루 빨리 명문대학으로 발전시켜야 되겠다는 일념으로 동분서주하시던 서 이사장님! 한때 그토록 고심하던 한성학원 문제를 잊고 얼마 전부터 마음의 안정을 찾으셨던 것으로 생각하고 있었습니다. 그러나 얼마나 마음이 아프셨기에 연구실에서 쓰러지고 말았습니까?. 서울대병원 입원실에서 불편한 오른 손 대신 왼손으로 나의 손을 힘 있게 잡아주던 따스함이 아직도 손에 남아 있습니다. 골프장에서 유난히 높은 Tee를 세워놓고 호쾌한 장타를 날려 번번이 나를 놀라게 했던 기억, 골프장을 오가는 차안에서 연신 담배를 즐겨 피우시던 일, 일과가 끝나면 반드시 하루에 정해진 일정처럼 소주파티를 즐기시던 일, 연례행사로 가졌던 학교 보직자들의 연수에 대한 추억, 흥이 나면 장소를 가리지 않고 애창곡 나훈아의 '영영'을 열창하시던 모습, 서울대 병원 병실에서 김옥자 이사장님의 헌신적인 간호를 받으시던 장면. 지난날의 일들이 주마등처럼 지나가고 있습니다. 그러나 이제는 이 모든 것들이 잊을 수 없는 추억이 되고 말았습니다.

지금은 병도 고통도 없는 하늘나라에서 마음 놓고 술도 드시고 줄담배도 즐기시겠지요. 지금도 서 이사장님이 소개해 준 김진홍 목사의 설교테이프는 매주 빠짐없이 듣고 있습니다. 들을 때 마다 서 이사장님이 생각납니다. 어느날 서 이사장님이 나에게 팩스로 보내주신 고향 청양에 있는 별장 위치도는 아직도 나의 참고파일에 남아 있습니다. 생전에 꼭 한 번 가서 그토록 심혈을 기울여 건축한 별장에 대한 얘기도 듣고 하루 밤을 지새우며 회포를 풀었어야 했는데. 너무나 가슴 아프고 후회가 됩니다. 서 이사장님! 이제는 그토록 힘들었던 무거운 짐들을 다 내려놓으셨으니 '날빛보다도 더 밝은 하늘나라'에서 영원히 즐겁고 행복한 제2의 삶을 누리소서. 서 이사장님이 떠나신지 1주년이 되는 날을 맞으며, 나는 한성대학 역사에 반드시 기록되어야 할 역사적 사실 몇 가지를 이 자리를 빌어 적어보려고 합니다. 서 박사님은 한성대 이사장으로 재직하면서 대학발전을 위해 엄청난 공적을 남겼습니다. 그래서 나는 한성학원의 훗날을 위해서라도 서 박사님의 공적을 기록으로 남겨두는 것도 중요한 일 중의 하나라는 생각이 들었고 내가 대학원장으로, 교수로 서 이사장과 함께 일하는 동안 마음속에 기록해 두었던 서 이사장님의 공적들을 활자로 옮겨 보기로 했습니다. 고인이 남긴 수많은 공적들을 제대로 알지 못해 군맹평상(群盲評象) 격이 되지 않을까 걱정도 되지만 나는 본 대로 느낀 대로 고인이 한성학원의 발전을 위해 쏟았던 열정과 헌신의 열매를 간략하게 소개하고자 합니다.

서 박사는 최근 세계적인 추세인 '작은 정부의 실현'을 우리나라 대학경영에 제일 처음으로 도입, 실천에 옮긴 분이다. 당시 한성대학은 명색이 종합대학이었는데도 총 8명의 보직자로 모든 학사행정을 이끌어 갔다. 대학이라면 당연히 있어야 할 것으로 생각되던 학장, 특수 대학원장 같은 직책에 대한 고정관념에서 탈피, 그 많은 보직을 아예 공석으로 두거나 겸직으로 대체해서 운영했다. 때문에 빠른 의사결정, 경비의 절감, 불필요한 마찰의 제거. 교수들이 연구보다는 보직을 기웃거리는 악습을 없애는데 크게 기여하였다.

아마도 우리나라 대학행정에서 이러한 극소수의 정예 보직자로 행정을 이끌어간 사례는 과거에도 없었을 뿐만 아니라 앞으로도 이러한 일은 발생하지 않을 것으로 확신한다.

서 이사장은 일부 교수들의 반대에도 불구하고 이미 1990년대 초반부터 사실상의 교수평가제를 도입했다. 우리나라 대학에선 최초의 시도였다. 현재는 모든 대학들이 교수평가제를 실시하고 있지만 당시만 해도 혁명적이고 선구자적인 제도의 도입이었다. 이때부터 한성학원의 교수들은 긴장하기 시작했고 비로소 대학사회에도 '경쟁'이라는 '시장'이 형성되기 시작한 셈이다. 서 이사장의 시대의 변화를 앞서 읽는 혜안이 돋보였던 공적이라고 생각한다.

동시에 교수의 급료에도 인센티브 제도를 도입했다. 세상으로부터 '철 밥통', '한번 교수는 영원한 교수'라는 등식에 놀라운 변화를 주는 과감한 시도였다. 학생들의 평가와 선임자의 고가를 합산해서 첫 시도로 먼저 보너스 부분에 인센티브를 실시한 것이다. 처음에는 교수들의 반발이 제법 거셌으나 서 이사장이 소신과 신념을 가지고 초지일관으로 밀어 붙였기 때문에 제도는 곧 정착되었다. 그러나 불행히도 그가 학교를 떠난 뒤 이 훌륭한 제도는 행방불명이 되고 말았다.

서 이사장은 우수한 교수요원 확보에 심혈을 기울였다. 한성대학의 위상을 하루아침에 이른바 일류대학으로 격상시키는 데는 시간이 걸린다는 사실을 직시한 서 이사장은 우수한 교수요원을 대량으로 확보하는 것이 대학의 질을 단 시간 내에 끌어 올릴 수 있는 지름길이라는 신념으로 유능한 교수충원에 전력투구했다. 그의 노력 덕분에 짧은 시간에 놀라울 정도로 우수한 교수들이 한성학원의 가족이 되었다. 현재는 적어도 교수요원에 관한 한 전국 어느 일류 대학과 겨루어도 손색이 없는 우수한 인재들이 자리를 메우고 있다.

서 이사장은 대학행정을 혁신적으로 개선했다. 그는 공과대학 교수라는 한계에도 불구하고 학교행정에 일가견을 가지고 있었다. 대부분의 대학들이 시골 면사무소 수준의 학교행정을 하고 있을 당시, 그는 저만치 앞서가고 있는 일류기업체들의 행정시스템을 벤치마킹, 학교행정에 과감하게 도입, 실천에 옮겼다. 빠르고, 친절하고, 능률적인 한성의 행정시스템이 대학사회에 알려지면서 일부 사학들의 실무자들이 한성대학에 견학을 올 정도로 평가를 받고 있었다. 한성의 행정시스템은 지금도 대학사회에서 모범적인 성공사례로 인정을 받고 있다.

서 이사장은 우리 한성 캠퍼스를 스위스처럼 아름다운 공원화를 시도했었다. 그는 유난히 한성동산을 아름답고 깨끗한 공간으로 디자인하는데 관심이 많았다. 그것도 가능하면 경비를 많이 들이지 않고 직원들의 자원봉사로 가꾸려고 했다. 학교에 자발적인 새마을 운동이 일어난 것이다. 한때는 주말이나 공휴일을 가리지 않고 교직원들이 학교에 나와서 캠퍼스 공원화작업에 솔선해서 동참했다. 우리 한성동산이 지금 이렇게 가꾸어진 것도 당시 우리 교직원들의 헌신적인 노동력의 결실이라 할 수 있다. 비록 다소 어색하고 세련되지 못한 디자인도 있지만 거기에는 교직원들의 정성과 땀이 서려있기 때문에 인간문화제급 정원사가 시공한 것 보다 더 값진 작품이라 생각된다.

그는 한성학원의 영원한 발전을 위해 대학발전기금 모금에 착수했다. 한성대학에서 이제까지 그 누구도 시도하지 못했던 과감한 도전이었다. 본인이 직접 솔선해서 월급을 쪼개 기금을 내놓으면서 교수, 동문, 지인들에게 동침을 호소했다. 한때 상당한 금액이 적립된 것으로 아는데 현재는 어떻게 되었는지 알 길이 없다. 한편으로 그는 학교의 살림살이를 정말 알뜰하게 집행했다. 불필요한 경비를 최소화하면서도 학교의 홍보나 대학에 도움을 줄 수 있는 인사들을 접촉할 때는 절대로 인색하지 않았다. 그의 건실한 학교 재정집행으로 2000년 초반까지 무려 현금 200억원이라는 적립금을 쌓기에 이르렀다. 대부분의 사학들이 과거나 현재 은행 빚더미에 올라 앉아 있는 상황에서 당시 작은 사학이 그만한 현금을 쌓아두었다는 사실은 놀라운 일이었다.

서 이사장은 매사에 솔선수범하는 경영자였다. 운동장에 떨어진 담배꽁초와 휴지를 줍는 것부터 모든 일을 처리하는 과정에서 말이나 지시보다는 손수 앞장서서 행동하는 주식회사의 최고경영자였다. 학교의 운동장을 자기 집 마당보다, 강의실을 자신의 서재보다 더 아끼고 사랑했다. 캠퍼스 어느 곳에서 든 휴지나 쓰레기는 보는 즉시 그 자리에서 손으로 집어 들었다. 이러한 작은 행동 하나하나가 교수, 학생, 교직원들의 마음을 움직였기 때문에 한성동산은 항상 깨끗하고 아름다운 캠퍼스로 변해갔고 모든 한성가족들이 매사에 솔선수범하는 학풍으로 발전할 수 있었던 것이다.

서 이사장은 사심이 없고 돈에 깨끗했다. 학사행정을 하면서 모든 의사결정에 자기의 이익을 내세우는 일은 결코 없었다. 항상 학교의 이익을 최우선으로 공명정대하게 일을 처리했다. 무엇보다 그는 누구나 쉽게 실수할 수 있는 돈 문제에 언제나 초연했다. 서울 공대교수로 재직 당시 각계로부터 수주한 용역을 수행할 때도 경비집행은 절대로 자기가 직접하지 않고 경리담당 학생을 지정, 그에게 일임해서 처리했을 정도로 청렴했다.

(2008년 1월 23일, 결코 잊을 수 없는 분의 삶에 대한 이야기, 서정희 교수를 기리며)

제3편

국제경쟁력 강화를 위한
우리의 반성과 대책

01

기발한 아이디어, 산나물 공화국

몇 년 전 일본을 방문했을 때 NHK TV에서 방영하는 "산채공화국"이라는 특집 프로를 보고 깊은 인상을 받았다. 니가타현(新潟縣)의 어느 면 단위의 작은 산골주민들이 그들의 고장을 "산채공화국(山菜 共和國)"으로 선포하고 일본 안에 있는 독립국가처럼 행세하면서 산나물을 주제로 관광수익을 올리고 있는 기발한 아이디어였다.

높은 산자락에 위치해 농사는 거의 지을 수 없고 산나물과 약초캐기로 생계를 꾸려가는 산촌마을 이었다. 주민들은 자기들 면단위 전체를 '산채공화국'으로 선포하고 면장이 대통령, 파출소장이 내무부장관, 우체국장은 체신부장관, 역장은 당연히 교통부장관을 겸직하는 대통령중심제의 독립 국가이다. 이 공화국에서 생산된 모든 산나물들은 산채공화국 제품임을 포장에 표시하고 농림부장관(농협조합장) 명의의 품질보증서까지 첨부되어 있다. 우표는 독자적으로 발행하지 않으나 소인은 '산채공화국'이란 국명을 당당하게 사용한다.

따라서 일본 전역에서 이곳 면장 앞으로 오는 편지나 산채주문서에는 "산채공화국 다나카(田中) 대통령 각하"라고 쓰여 있다. 주민들이 산나물을 채취하는 모든 과정도 정교하게 의식화해서 이를 관광객과 전국 TV시청자들에게 홍보한다. 주민들은 산나물을 뜯기 위해 산에 오르기 전에 모두가 모여 목욕재개를 한 후 산 어귀에서 산신제를 올린다. 이 산신제의식은 주민들의 산나물채취 장면과 포장해서 상품화하는 전 과정이 흥미롭고 엄숙해서 훌륭한 관광 상품으로 TV로 전국에 생중계 될 정도로 인기이다. 수려한 산세와 맑은 물만으로도 관광객을 유치하기에 손색이 없는데 일본 내의 유일한 독립국가(?)라는 아이디어 하나로 관광객들에게 호기심을 불러일으키고 있는 것이다. 이 공화국은 매년 산채채취 철이 되면 현지에서 전국 산채요리 경연대회를 개최하고 유명한 식품관련 학자와 전문가들을 초청해서 '산채와 건강'이란 주제로 각종 세미나도 연다. 따라서 이맘때면 일본 전국에서 관광객들이 몰려오고 이 곳 산채들은 '산채공화국의 제품'이란 이유하나만으로 비싼 값에 팔려 나가고 있다. 우리의 일상 생활주변에서 지나쳐 버리기 쉬운 이러한 사소한 일이나 특산품에까지 독특한 아이디어를 가미, 상품화해내는 일본인들의 착상에 놀라지 않을 수 없다.

우리도 이 아이디어를 벤치마킹 한다면 우리 주변에서 관광 상품화할 수 있는 상품과 물건, 지역이 많으리라 생각한다. 김치, 젓갈, 약초, 민물고기, 염소, 각종 과일 등을 대상으로 산수와 풍광이 빼어난 지역에다 "김치왕국", "약초왕국" 또는 "막걸리 공화국"을 선포하고 해당제품을 최고급품으로 상품화하는 한편 그 상품화하는 과정과 절차, 의식을 예술적인 경지로 승화시키고 매력적인 이벤트를 개발한다면 훌륭한 관광 상품이 될 것으로 생각된다.

(1997. 6. 28. 매일경제)

02
기업하기 좋은 나라

　금리를 내리면 소비와 투자 수요가 살아나는 것이 경제학 교과서의 원리이다. 그러나 최근 정부가 금리를 과감하게 내렸지만 웬일인지 산업현장은 꼼짝도 하지 않고 있다. 업계관계자들은 투자해서 돈을 벌 수 있다는 확신이 안 서기 때문에 사태추이를 관망하고 있다는 것이다. 노조가 정도를 넘어 경영권에 사사건건 간섭해오는데다 불법노조운동이 용인되고 있는 판에 정부가 일련의 친노동자적 자세를 취하고 북한의 핵개발이라는 악제 등 불확실한 경영환경이 지속되는 한 금리를 아무리 내려도 기업할 의욕이 생겨날 수 없다. 노무현대통령은 취임 초부터 우리나라를 기업하기 좋은 나라로 만들겠다고 여러 차례 공언한 바 있다. 그러나 적어도 지금까지는 대통령의 이러한 국정의지가 제대로 산업일선 현장에 나타나지 않고 있다.

두산중공업 파업사태를 시작으로 최근의 화물연대의 파업해결 과정을 지켜보면 정부가 기업과 노조사이에서 공정한 심판자의 위치를 벗어나 노조의 손을 들어주는 모습을 보여주고 있다. 노무현 대통령은 집권하는 과정에서 노조를 비롯한 운동권 등 진보성향의 세력들의 지지를 받아 당선되었다. 그러나 대통령으로 당선된 이상 이제 어느 특정세력, 계층, 특정지역의 대통령이 아니고 온 국민의 대통령이다. 대통령으로서의 노대통령은 과거의 재야비판자의 입장이 아닌 국정을 책임지고 리드해 나가야 할 국가원수이다. 국정은 냉엄한 현실이다. 험난한 현실을 타개해 나가려면 집권이전에 신세를 진 세력들로부터 자유로워야 한다.

즉 과거의 인연으로부터 냉정하게 탈출해야 한다. 오죽하면 토사구팽(免舍狗烹)이란 고사성어가 탄생했겠는가. 완전히 인연을 끊으라는 것이 아니다. 적어도 그 세력의 구성원으로서의 위치에서는 벗어나야 한다. 노대통령은 진정 우리나라를 기업하기 좋은 나라로 만들려고 한다면 먼저 친 기업 쪽으로 방향을 선회해야 한다. 무역으로 먹고사는 우리나라는 기업하기 좋은 나라가 되지 않으면 우리국민은 생존자체가 불가능하다.

우리나라는 천연자원이 거의 없고 좁은 국토에 인구밀도는 세계제2위에다 북한이라는 존재 때문에 안보가 항상 문제가 되는 세계에서 유일한 분단국가이다. 악제라는 악제는 다 가진 나라이다. 세련된 외교로 열강으로부터 안보를 보장받고 통상을 바탕으로 외국과 교역을 하지 않고는 하루도 살 수 없다. 교역을 제대로 하려면 국제경쟁력을 구비해야 한다. 그러나 우리나라는 경쟁국인 중국의 10배 수준을 상회하는 고임금에 노조는 툭하면 불법파업을 벌리고 있는데다 어느 새 우리 사회전반에는 반 기업 정서마저 팽배해 있다. 이러한 경영환경에서 과연 기업가들에게 사업의욕과 신바람이 살아날 수가 있겠는가. 외국처럼 노동시장의 유연성이 보장되지 않는 한 외국인들의 직접투자도 기대하기 힘들다. 기업하기 좋은 나라인가 여부를 가름하는 척도는 바로 외국인의 직접투자액이다. 중국은 날이 갈수록 외국인의 직접투자가 폭증하고 있는데 우리나라는 거꾸로 줄어들고 있는 형편이다.

여기에 불법파업 등 막무가내 노조에 질린 우리 기업인들은 임금이 싼 중국 등 외국으로 공장을 옮기고 있으니 이러다간 머지않아 국내에 제조업공동화현상이 일어나지 않을까 걱정된다. 세계 제2차 대전이 끝난 1945년 세계 8위의 경제대국이던 아르헨티나가 페론대통령이 집권한 후 노동자들에게 퍼주기식 포퓰리즘 정책을 추진하자 하루가 다르게 치솟는 고임금을 견디지 못한 국내의 제조업체들이 외국으로 탈출하는 바람에 결국 국가부도로 이어져 IMF의 경제적 식민지로 전락하고 말았다. 이러한 역사적 교훈을 바탕으로 대한민국의 운명을 책임진 대통령은 일시적인 인기나 여론에 연연하지 말고 먼 훗날 역사적 평가를 받겠다는 각오로 국정을 이끌어 가야 할 것이다.

이번 노대통령의 방미는 대미관계를 복원하고 북한의 핵문제 등을 비롯하여 세계경제전문가들이 우려하고 있는 한국의 불안요소들을 제거할 수 있다는 점에서 그 성과를 평가해주어도 좋을 것으로 생각된다. 국내 일부세력들의 비판에도 불구하고 노대통령이 국익을 위해 과감한 변신을 통해 중대한 결단을 내린 점에서 찬사를 보내고 싶다. 우리국민이라면 누구나 미국을 상대로 자주를. 대등한 동반자관계정립을 원하지 않은 사람이 있겠는가. 그러나 힘없는 우리나라가 마음대로 할 수 없는 것이 냉엄한 국제정치이다. 지난 선거에서 노 대통령을 지지한 세력이라면 집권한 이상 자신들의 이해관계로부터 대통령을 자유로울 수 있게 놓아주어야 한다.

지지를 볼모로 계속 이익단체 자신들의 이익을 앞세운다면 나라는 어떻게 되고 대통령은 국정을 어떻게 운영해 가겠는가. 나는 노 대통령이 진정 이 나라를 기업하기 좋은 나라로 만들려면 가장 시급히 해결해야 할 과제가 노사문제라고 생각 한다. 이를 위해서는 노조의 연중무휴 파업으로 나라를 거덜 나게 만들었던 영국, 그 망국적인 영국병을 치료하고 대영제국의 영광을 재현해냈던 마거리트 대처 수상의 통치철학과 그의 노동정책 즉 '대처리즘'을 벤치마킹해야할 것이라고 생각한다. 대처리즘은 노동자들의 권익을 침해한 것이 아니라 결과적으로 노동자들의 권익을 보호해준 정책이었다는 역사적 진실을 명심해야 할 것이다. 지금처럼 노조가 시도 때도 없이 불법파업을 벌리고 이 때문에 기업가들은 사업의욕을 잃고 투자를 하지 않으면 우리보다 정보에 관한한 한수 위인 외국인들의 직접투자는 기대할 수 없게 된다. 지금 당장 정부와 우리국민들이 정신 차리지 않으면 우리도 이른바 '영국병'으로 시름하던 영국이나 노동자의 눈치만 보다가 결국 나라가 거덜난 아르헨티나와 같은 처지로 추락하고 온 국민들은 비참한 경제생활로 고통받는 세월을 맞이할 수 밖에 없을 것이다.

(2003년 11월 17일)

03

아르헨티나의 파산과
영국의 대처리즘에서 배워야 할 교훈

　최근 한반도 주변의 국제정치 환경은 1900년대 초에 우리나라가 겪었던 상황과 비슷한 양상이다. 일본은 군사대국을 목표로 헌법 개정을 서두르고 있고 중국은 과거의 중화(中華)의 영광을 재현하기 위해 부국강병의 기치를 들고 줄달음 치고 있다. 이러한 심각한 상황인데도 우리나라는 내일을 위한 전진은 고사하고 노조의 줄 파업과 각종 이익집단들의 실력행사에다 정부의 일관성 없는 노동정책까지 겹쳐 온 나라가 몸살을 앓고 있다. 이 시점이야말로 우리는 한때 노동자천국이었던 아르헨티나의 파산과 불치병으로 평가받던 영국병을 치유한 대처리즘이라는 극명하게 대립되는 두 역사적 교훈을 되새겨 보아야 할 것으로 생각된다. 동시에 최근 선진국들이 펼치고 있는 외국기업의 직접투자유치를 위한 필사적인 노력을 거울삼아 현재의 위기타개책을 모색해야 할 것이다.

첫째, 넓은 국토, 온화한 기후, 풍부한 천연자원에 농공업이 동시에 발전했던 아르헨티나는 세계 제2차 대전이 끝나던 1945년도에는 세계 제 8위의 경제대국으로 당시 냉동선을 개발, 세계 육류 및 곡물수출의 절반 가까이를 차지하는 부국이었다. 오늘날의 G 8에 해당하는 남미의 종주국이었다. 그러나 1946년 노조를 지지기반으로 한 후안 도밍고 페론이 대통령에 취임하면서 외국자본의 추방, 노동자와 여성의 처우개선 등 친 노동자정책에다 빈민계층을 위해 복지예산을 대폭 늘리는 등 퍼주기 식 포퓰리즘 정책을 구사했다. 국민들에게 허리띠를 졸라매는 고통분담과 위기탈출노력을 요구하는 대신에 인기에 영합하는 포퓰리즘을 지향하면서 나라의 경제는 결국 거덜이 나고 말았다. 당시 페론은 노조의 요구라면 무엇이든지 들어 주었다. 노동자해고는 불법화되었고 1년에 한 달 휴가는 기본이고 매년 25%씩 임금을 올려주었다.

즉 노동자 임금인상 → 코스트 푸시 → 국제경쟁력 상실 → 산업시설의 해외탈출 → 국내 산업공동화 → 실업증가로 국민의 가처분소득 감소라는 악순환이 계속되었다. 이처럼 페론정권의 친 노정책과 과도한 복지정책이 진행되는 상황에서 기업가가 할 수 있는 일이란 두 가지 대안밖에 없었다. 직장을 폐쇄하거나 아니면 노조와 타협하는 방법이다. 극단적인 방안을 택할 수 없었던 기업인들은 결국 고용과 투자를 줄이고 노사분규가 없는 외국으로 공장이나 사업장을 이전하는 대안을 모색했다. 이 결과 아르헨티나는 실업이 증가하고, 살인적 인플레가 지속되면서 국가 경제는 악화일로를 거듭, 1990년대에는 과거 세계 제8위의 경제대국에서 48위의 개발도상국으로 추락해 버렸다. 그리고 2002년에는 드디어 국가파산, 현재는 빈민층이 전 국민의 54%에 실업률 21.9%로 IMF의 경제신탁통치를 받고 있다.

둘째, 한때 해가 지지 않는 대국으로 세계를 주름잡던 대영제국도 1980년대 초까지는 노조의 파업천국이었다. 1983~1984년 사이에 어떤 노조는 1년에 하루를 뺀 364일 동안 파업을 한 기록도 있으며 윌슨 수상 집권 때는 주 3일만 조업하는 공장도 부지기수였다고 한다. 때문에 당시 탄광노조의 파업으로 석탄을 원료로 하는 화력발전이 전력을 공급하지 못해 사무실과 공장은 심지어 촛불을 켜 놓고 집무를 보아야 할 정도였다고 한다. 이처럼 노조의 불법파업으로 나라가 망국으로 치닫던 1980년대 마거릿 대처수상은 가장 강력한 노조였던 광산노조가 불법파업을 벌리자 이에 법과 원칙에 따라 공권력을 투입, 끝내 항복을 받아내고 말았다. 훗날 '철의 여인'이란 별명으로 1979년부터 11년간 대영제국을 이끈 그의 통치철학을 높이 평가, 대처리즘으로 명명되었는데 당시 그의 노동정책의 핵심은 의외로 간단한 내용이었다. 즉 노조가 파업 등 행동으로 옮기기 전에 실시하는 조합원찬반투표를 군중심리에 휩쓸려 투표에 영향을 받을 수 있는 노동현장이 아니고 노동자가 냉정한 정신 상태에서 한 번 더 생각해서 투표할 수 있는 우편투표 제도를 실시한 것이었다. 이 제도를 도입한 결과 노조원들이 감정보다 이성에 의한 투표로 분규가 현저하게 감소했다고 한다. 다음으로는 노조의 불법파업에 대해서는 잔인할 정도로 강력하게 대처, 불법행위를 의법 처단 함으로써 고질적인 영국병을 치유하는 데 성공할 수 있었던 것이다. 영국병을 완치한 영국은 그 후 외국기업의 직접투자를 적극적으로 유치하고 있으며 이 때문에 현 프랑스와 독일이 노조의 파업에다 경기침체로 고전하고 있으나 상대적으로 견실한 성장세를 유지하고 있다.

셋째, 현재 선진국들은 물론 야심적인 개도국들도 경쟁적으로 "기업하기 좋은 나라"를 만들기 위해 총력전을 펴고 있다. 기업하기 좋은 나라를 측정하는 척도는 그 나라에 투자하는 외국인의 직접투자액으로 결정된다. 이를 위해 영국은 삼성전자가 영국에 가전공장을 기공했을 때 엘리자베스 여왕이 부군과 함께 직접 참석할 정도로 국가적 관심을 나타냈으며 최근 미국, 중국 등은 제도와 법의 개정은 물론 예외규정의 신설에다 공무원이 공장현장에 특파되어 허가서를 내 주는 등 이른바 토털 서비스를 제공하면서까지 투자유치에 전력투구하고 있다.

삼성전자연구개발센터를 유치한 중국의 쑤저우(蘇州), 공장부지의 무상지원을 법으로 금하고 있는 주법까지 개정해서 현대자동차를 파격적인 지원조건으로 끌어들인 미국의 앨라배마주 등이 좋은 사례에 해당한다. 불행히도 우리나라는 이 부분에서 경쟁국들과 비교하면 꼴찌 수준에서 헤매고 있다. 노사분규가 빈발하고 정부의 규제가 극심한 나라에 누가 투자를 하겠는가. 투자유치는 고사하고 국내기업들 마저 경쟁적으로 노사분규없는 해외로 도망하고 있는 실정이다. 정말 어렵고 걱정되는 시기이다. 지금이야말로 우리 모두가 나라의 장래를 위해서 내 몫을 챙기기에 앞서 국익을 먼저 생각하면서 다시 한 번 분발해야 할 엄숙한 시점이라 생각된다.

(2003년 7월 9일, 매일경제)

04
일본 신차의 테스트시장이 된
부끄러운 한국

　최근 어느 일간신문이 창간 특집으로 실시한 여론조사에 따르면 우리 국민 41%가 일본을 가장 싫어하는 나라로 꼽았다. 그런데도 국내 자동차 시장에서는 일본의 도요타자동차 제품인 렉서스를 비롯한 일제 자동차들이 인기리에 팔리고 있다고 한다. 더욱 놀라운 일은 국내 수입차 시장에서 BMW와 함께 선두자리를 다투고 있는 한국도요타자동차는 지난달 22일 신제품인 렉서스 '뉴ES 330'을 세계 최초로 한국 시장에서 첫 선을 보였다는 사실이다. 렉서스의 최대시장인 미국보다 한 달 앞서 우리나라에서 먼저 내놓은 것이다.

　유달리 세계명품 브랜드에 목숨을 거는 우리나라 사람들은 파리, 런던 등 외국 명품백화점이 실시하는 하계 세일기간에는 새벽부터 줄을 서서 기다리는 명품 광이라는 사실은 이미 알려진 사실이다. 비록 세계적으로 명품이라는 평가를 받고 있는 제품이라 하더라도 품질, 디자인, 색상 등 여러 가지 조건을 하나하나 까다롭게 따져서 구매하는 유럽과 미국의 소비자들과는 달리 우리나라의 일부 졸부들은 조악한 상품이라도 무조건 명품이라는 브랜드만 달려 있으면 구매하는 형편이다. 이러다보니 외국의 명품제조업체들에게 한국은 명품에 관한 한 가장 안전하고 매력적인 시장으로 평가하고 있다. 때문에 화장품, 의류, 자동차를 비롯한 이른바 명품 관련 외국업체들이 경쟁적으로 한국시장에 몰려오고 있는 것이다.

부끄러운 일이지만 한국 사람들은 이미 명품 시장에서는 가치를 따지지 않고 무조건 상품을 구매하는 세계에서 소문난 '봉'으로 평가받는다. 세계적인 명품업체들은 신제품이 나오면 자기 나라에서 출시하기 전에 첫 런칭 장소로 한국을 선택하고 있다. 한국소비자들에게 통하는 상품은 세계시장에서 통한다는 외국명품제조업체들의 말은 한국소비자들의 상품을 보는 안목이 높고 세련되었다는 말로 해석할 수도 있을 것이다. 그러나 아무리 생각해 보아도 외국인들의 코멘트는 자랑스럽기 보다는 창피스러운 일이라 생각된다.

더구나 역사적으로나 감정적으로 가깝고도 먼 나라인 일본 자동차업체가 그들의 주 시장인 자기 나라와 서양을 제쳐놓고 신차 테스트 시장으로 한국을 선택했다는 사실은 충격적이다.

일본 소비자들은 비록 제품의 질이 다소 떨어지더라도 '일본산' 이라면 거의 무조건 구매한다. 일본 대도시 거리에서 한국산 자동차를 한 대라도 본 일이 있는가. 일본 가정에서 세계적인 명품으로 평가받고 있는 삼성이나 LG의 가전제품을 사용하고 있는 모습은 찾아볼 수 없다. 그들은 철저히 일본산만 고수한다. 그러면 과연 우리나라 일부 소비자들은 어떤 생각을 하면서 일본차를 구매 할까. 우리나라 재계 서열 4위에 해당하는 현대자동차의 시가총액은 렉서스 제조업체인 도요타의 8%에 불과할 정도로 초라하다. 우리나라 소비자들은 이것이 우리 자동차산업의 현주소라는 사실을 알고나 있는지 모르겠다.

그뿐이 아니다. 올해 1~8월 중 한국의 대중국 무역흑자 규모는 138억 1,500만 달러. 대미 무역흑자는 87억 7,300만 달러인 반면 일본과의 무역수지는 무려 164억 4,100만 달러라는 엄청난 적자를 기록한 것으로 나타났다. 중국, 미국과의 무역흑자를 모두 합친 금액정도로 대일 무역적자를 낸 것이다. 이런 상황에서 일부 졸부 소비자들이 일제 자동차를 경쟁적으로 구입하고 이를 자랑하는 사람도 있다고 하니 정말 부끄러운 일이라는 생각이 든다. 이왕 외제 자동차를 구입하고 싶다면 우리나라와 무역역조가 심하지 않은 독일 이탈리아 등 외국 명품 자동차도 얼마든지 있지 않은가. 일본에 한류 열풍이 불고 있고 세계가 지구촌으로 변한 글로벌리제이션 시대에 무슨 시대착오적인 주장을 하느냐고 핀잔을 받을지도 모른다. 그러나 세계는 지금 분명 국가 단위로 사활을 건 치열한 생존 경쟁을 벌이고 있다.

일본은 우리에게 위치상으로는 가장 가까운 이웃 나라지만 역사적으로 항상 우리에게 피해만 주었지 한 번도 도움을 준 일이 없었던 나라라는 사실을 잊어서는 안 될 것이다. 최근 일본은 10년 장기 경제 불황에서 벗어나 경제대국이라는 위상을 내세워 자위대의 해외 파병, 유엔 안보리의 상임이사국 진출을 기도하는 등 과거처럼 노골적으로 정치 군사대국으로 도약을 시도하고 있다.

이미 세계 제2위의 군사대국으로 발돋움한 일본은 확고한 미·일 군사동맹을 바탕으로 아시아에서 미국을 대신해 중국을 견제하는 역할을 자임하면서 우리에게는 독도 영유권을 주장하는 등 한반도에 대한 영향력을 증대시키고 있다. 이 시점에 우리가 정신을 차리지 않으면 또 무슨 봉변을 당할지 모른다. 우리의 살길은 우선 경제적으로 일본으로부터 자유로워야 한다. 경제적으로 종속되면 대등한 관계는 물 건너간 헛구호가 되고 만다. 우리의 생존을 위해서는 먼저 만성적인 대일 무역적자를 줄이는 한편 정부와 기업들은 이를 뒷받침할 기술 개발과 경영혁신에 전력투구해야 한다.

이를 위해 필수 불가결한 소재나 부품은 일본에서 들여오더라도 대체 가능한 품목들은 국산화하는데 최선을 다하고 부품의 조달창구도 여러 나라로 다변화해야 할 것이다. 작은 것 하나부터 차근차근 실천에 옮겨 경제 분야에서 대일의존도를 낮추고 대일무역역조를 시정할 수 있는 모든 대책을 강구해야 할 것이다. 한국이 세계 최초로 일제 자동차의 신차 테스트시장이 되었다는 사실, 이것은 하나의 상징적인 것에 불과하다. 우리사회 곳곳에서 이 같은 일어나서는 안 되는 일들이 벌어지고 있지는 않는지 살펴봐야 할 것이다. 우리는 참담했던 지난날의 역사를 기억해야한다. 다시는 그러한 치욕의 역사를 반복해서는 안 된다. 지금이야말로 우리 국민들은 어떻게 하는 것이 진정 나라의 경제를 살리고 안보를 튼튼히 하는 길인가를 생각하는 국민이 되어야 할 시점이다.

(2004년 11월 12일 매일경제, 분석과 전망)

05

대만상품의 국제경쟁력은 절약과
내실에서 나온다

1970년대 중반, 한국과 대만이 잡화분야에서 첨예하게 무역전쟁을 벌이고 있을 때의 일이었다. 그 당시 필자는 우리나라 무역업계로부터 한국과 대만이 세계시장에서 첨예하게 경쟁하고 있던 보온병, 보온밥통 등 가정용품의 생산원가를 비교해서 조사해 달라는 의뢰를 받고 대만을 방문했다. 상품 한 개당 몇 센트 차이로 승부가 갈리는 세계 시장에서 대만은 같은 제품을 어떻게 우리보다 단 몇 센트라도 더 싸게 생산해서 판매하고 있는지 그 진실을 알아보기 위해 현지를 찾은 것이다. 먼저 타이베이 공항에 도착했을 때 나는 마중 나온 한 가정용품 제조회사 사장의 옷차림을 보고 그리고 그가 자기차를 손수 운전하고 왔다는 사실을 알고 놀라지 않을 수 없었다.

명색이 사장이란 사람의 옷차림이 너무나 검소했다. 그의 낡은 승용차는 나에게 더 이상 제품원가를 조사할 필요가 없다는 판단을 내려주었다. 호텔까지 안내하는 그의 초라한 모습을 보면서 '이 사람이 진짜 사장일까?'라는 의구심이 들기까지 했다. 다음날 그가 운영하는 공장을 방문하게 되었다. 회사의 사장실은 내가 예상했던 것과는 정반대로 공장의 한 귀퉁이를 막아 사용하고 있었다. 사장실은 당연히 호화롭게 꾸며져 있을 것이라는 나의 고정관념은 여지없이 무너졌다. 사무실에는 별도의 여비서나 경리직원이 없었다. 사장의 부인이 여비서 겸 경리직원의 역할을 해내고 있었다. 이것이 바로 국제시장에서 대만 업체들이 우리를 제치고 원가경쟁에서 승리하는 비결이라는 사실을 발견하게 되었다.

　우리는 작은 중소기업의 사장이라도 가장 먼저 번듯한 사장실을 꾸민다. 여기에 여비서, 타이피스트, 운전기사, 통역, 경리사원을 두고 있다. 반대로 그들은 문자 그대로 일당백 1인 5역을 해내고 있었다. 국제시장에서 몇 센트로 가격경쟁을 하는 마당에 이미 인건비에서 승부가 나버린 것이다. 가정용품 등 자기가 다루는 상품에 관한 한 최고의 전문가들인 미국 유럽의 바이어들, 그들은 우리와 상담을 할 때 한결같이 제품의 질적인 면에서는 일본, 한국, 대만의 순서라고 말한다. 그러나 외국 소비자들의 눈에 비친 상표의 이미지나 국가 이미지 면에서 보면 일본은 이미 선진국으로 대접받지만 한국과 대만의 제품은 동일한 수준으로 취급하기 때문에 무역업자들은 값이 싼 가격 지향적으로 상품을 구매할 수 밖에 없다고 털어 놓는다. 이 때문에 한국산보다 값이 싼 대만 제품을 선호하게 된다는 것이다. 이들 바이어들의 설명은 오늘날 우리가 국제무역전쟁에서 살아남기 위해서는 어떻게 대처해야 할 것인가를 제시해 주는 훌륭한 조언이라 하겠다. 우리 기업들이 국제경쟁에서 생존하기 위해서는 외형보다 내실, 명분보다 실리, 교만보다는 겸손을 바탕으로 원가 지향적 경영을 펼쳐 나가야 할 시점이라 생각된다.

(1992년 11월 11일, 대전매일)

06

우리사회는 최고급 명품지상주의에 빠져있다

1950년대 말, 우리나라 문단에 신선한 충격을 던지며 베스트셀러로 화재를 모았던 정비석의 소설 '자유부인'이 영화로 상영되어 흥행에 크게 히트한 일이 있었다. 그 영화에서 남자주연 배우 주선태가 역겨운 졸부로 등장, 백화점이나 고급상가에서 물건을 구입할 때 마다 엄지손가락을 치켜세우면서 '이것이 최고급품입니까?'하며 거들먹거리던 장면이 지금도 기억이 생생하다. 언제부터인가는 모르지만 우리사회에는 최고급 명품지상주의가 판을 치고 있다. 소득이나 지위에 관계없이 모두가 한결같이 최고급 외제명품을 가지려고 야단이다.

여성의 장신구나 옷은 말할 것도 없고 남성들이 매고 다니는 넥타이, 시계 등이 거의 외국산인데다 그것도 세계에서 알아주는 명품들이다. 자신의 경제력과 분수에 걸맞지 않는 물품인데도 장본인은 이를 부끄럽게 생각하기보다는 오히려 자랑스럽게 생각하고 있으니 이것이 문제다.

또한 우리들 의식 속에는 이른바 '최고급품'이 아니면 물건으로 취급하지 않으려는 경향이 싹터왔다. 누구에게 선물을 할 때 그 물건이 명품이 아니면 주는 사람의 마음이 개운치 않고 받는 사람도 시큰둥하게 생각하기 마련이다. 선물을 주고도 오히려 욕을 먹는 최악의 사태도 때때로 발생한다. 매사에 철저한 실용주의를 추구하는 유럽이나 미국 등 서양 선진국의 소비자들은 상품의 브랜드에 집착하지 않고 그 상품의 성능과 디자인, 가격 등을 검토한 후 자신의 취향에 맞으면 구매를 결정한다. 반면 우리는 세계적인 명품이라는 상표만 붙어있으면 그 제품의 기능과 디자인, 가격 등은 따지지도 않고 무조건 사고 본다.

우리사회에 들불처럼 번지고 있는 호화 사치풍조는 날이 갈수록 더욱 기승을 부리고 있다. 세계적 명품들이 상상을 초월하는 높은 가격으로 백화점 매장에서 팔리고 있다. 우리 국민들의 명품에 대한 선호심리는 도를 넘었다. 한마디로 한국은 외국 명품제조업체들의 '봉'이다. 한국시장은 그들이 황금알을 주워가는 놀이터가 되어주고 있는 셈이다.

그러나 긍정적인 안목으로 생각을 바꾸어보면 우리국민들의 이러한 명품지향주의는 우리나라 상품의 질을 높이는데 단단히 한몫을 할 것으로 생각된다. 명품지상주의 사회풍조 때문에 대부분의 우리 소비자들은 이미 세계 최고급 명품을 써 보았고 그 가치를 알아볼 수 있는 안목과 식견을 갖게 되었다. 명품을 평가할 수 있는 안목과 지식을 가진 기업과 기술자들이 제품을 만드는 과정에서 소비자들의 욕구를 제품계획에 제대로 반영한다면 세계 시장에서 팔리는 우리제품을 만들어 낼 수 있을 것이다. 세계에서 까다롭기로 이름이 나있는 우리나라 소비자들의 욕구가 반영된 제품이라면 세계시장에서도 명품으로 통하는 최고급 상품의 반열에 오를 수 있을 것으로 확신한다.

명품을 알아보지 못하고 가지려고도, 만들려고도 하지 않는 국가나 국민 그러한 사회풍토에서는 세계적 명품이 생산될 수 없기 때문이다. 우리의 명품지향주의를 순기능으로 잘 활용한다면 우리나라는 어느 나라보다 경쟁력 있는 질 좋은 세계 최고급 명품을 생산할 수 있는 여건이 성숙된 국가라 하겠다. 우리 국민들의 최고급 명품지향주의를 생산적 개념으로 승화시키는데 성공한다면 우리도 머지않아 세계시장에서 Made in Korea 최고급 명품 수출국의 반열에 오를 수 있을 것으로 기대해 본다.

(1992년 10월 21일, 대전매일)

07

아름답고 질서있는 나라를
건설하기 위하여

국토를 아름답게 가꾸는 것도 국제경쟁력이다. 스위스는 자연
친화적인 국토미화로, 일본은 청결운동으로, 독일은 질서 그리고
프랑스는 문화를 앞세워 해외 관광객을 끌어들이고 국제적인 위상
을 높이고 있다. 우리는 그 동안 88 서울올림픽, 2002 월드컵 경기
를 성공적으로 치러 냈고 OECD회원국으로 세계 12대 교역국의
반열에 오른 나라이다. 이처럼 우리의 국제적인 위상이 높아졌음
에도 불구하고, 유독 우리의 국토 및 생활환경은 아직도 후진국수
준에 머물러 있다. 우리도 국제적인 위상에 걸맞게 아름답고 깨끗
한 생활환경조성으로 우리의 삶의 질을 한 단계 업그레이드시켜야
할 때가 되었다. 그러나 현재 우리 정부와 국민은 하나뿐인 국토를
개발, 관리, 보전함에 있어서 시행착오의 훈련장으로 사용하고 있

다는 느낌이 들 정도이다. 국토는 한 번 잘못 사용되면 토지의 비가역성 때문에 원상으로 회복하는 데는 엄청난 비용과 시간이 소요된다. 아름답고 질서있는 국가를 건설하기 위해서는

첫째, 건축법, 주택건설촉진법 등을 고쳐 공동주택이 외형적으로 아름답고 재해로부터 안전한 주택이 건립되도록 제도화되어야 한다. 그리고 기존의 주택들은 주민들이 쾌적한 생활을 즐길 수 있도록 철저하게 사후관리를 해야 한다. 현재 우리의 주거형태의 대종은 단독주택에서 공동주택으로 전환되었다. 그러나 중소도시의 아파트는 자연 친화적인 저층을 원칙으로 하고 전원지역에 고층아파트가 들어서는 것을 규제해야 한다. 싱가포르에는 '외형이 똑같은 건물은 절대로 허가하지 안는다'는 개발철학처럼 이제 우리나라 아파트의 외형도 성냥갑 같은 천편일률적인 디자인에서 벗어나 세련되고 다양화해야 할 때가 되었다. 한편 세월이 지난 기존 아파트의 사후관리 실태는 한마디로 엉망이다. 아파트의 구조 변경, 거실확장을 위해 화재시 차단막 역할을 하는 베란다 제거, 창틀크기의 확대 또는 축소, 베란다 창틀의 크기와 색채가 다른 자재로 재시공한 사례, 여기에 무질서하게 부착된 위성 안테나, 에어콘 환풍기 등이 공동주택인 건물의 통일성과 미관을 해칠 뿐 아니라 아파트의 도색이 원색적이거나 유치한 것도 너무나 많다.

둘째, 관계법령을 고쳐서라도 부동산 소유자들에게 최소한의 관

리의무를 부과하자, 자기정원에 꽃을 가꾸지 않으면 주민들에 의해 동네에서 쫓겨나는 스위스 국민들의 국토사랑의 사례를 들것도 없이 토지나 건물을 소유한 사람은 그 부동산을 자연경관이나 도시미관을 해치지 않을 정도로 관리해야 할 의무가 있다. 현재 도심의 토지 중에는 공지로 방치해두어 쓰레기 적치장으로 변한 것도 있고 어떤 건물들은 최소한의 관리도 하지 않아 도시의 흉물로 변해 범죄의 온상으로 이용되고 있기도 하다. 특히 외국인들에게 한국의 첫 인상을 좌우하는 공항로 일대, 고궁주변, 철도변을 비롯해서 도심의 대로변 건물들 중에는 시급히 손을 보아야 할 대상들은 너무나 많다. 대표적으로 엉망인 지역은 서울 종묘주변이다. 역사적 유적인 종묘를 살리기 위해서는 종묘주변을 둘러싸고 혐오감을 주고 있는 건물들은 시급히 철거하거나 보수해야한다. 현재 문화재인 종묘는 흉측한 건물들로 포위되어 있다.

셋째, 도시미관과 국토의 아름다움을 해치고 있는 주범이 바로 불법간판과 불법광고물이다. 전국 상가건물을 뒤덮고 있는 간판, 서울 근교의 무질서하게 들어선 카페, 음식점, 숙박업소 등의 간판과 불법 플래카드 등은 난장을 방불케 하고 있다. 광고물 단속법이나 관련 법률을 개정해서라도 무질서의 극치인 불법간판, 불법광고물을 강력하게 단속해서 정비해야 한다.

프랑스나 스위스처럼 간판의 크기, 수량, 색상, 글씨, 디자인, 창문을 이용한 광고에 대한 규제, 부착위치 등을 규제해서 품위 있고 세련된 간판이 도시를 더욱 아름답게 뒷받침하도록 해야 한다. 그리고 국제화시대에 걸맞게 외국관광객들을 위해 간판에 영어, 중국어 등 외국어병기를 더욱 권장하는 것도 좋은 방법이다.

넷째, 농촌의 주거환경을 하루빨리 개선해야 한다. 새마을운동이 사실상 중단되고 농촌인구의 노령화로 농촌생활환경이 급속도로 악화되고 있다. 최우선적으로 가장 취약한 농가의 화장실과 주방시설을 현대화해야 한다. 이를 위해서는 도시에 진출해서 성공한 농촌출신 자녀들의 지원을 의무화하는 대책을 강구하면 좋을 것 같다. 또한 농촌의 자연부락 10여 가구 단위로 미니 정화시설을 설치해서 가동하면 강의 원천인 실개천부터 살릴 수 있을 것이다. 한편으로 우리 농촌의 전통적인 특성인 돌담, 정자나무, 탱자 울타리 등 전원풍경은 최대한 살리고 한국고유의 전통과 지역적 특성을 살린 농촌형 주택을 설계해서 보급할 것을 권고한다. 그리고 농민들을 도박과 음주로부터 해방시키기 위해서는 자연부락단위로 게이트볼, 배드민턴 등 주민들이 함께 운동을 즐길 수 있는 미니운동장을 의무적으로 만들게 하고 이를 활용하면 주민들의 건강과 주민화합에도 도움이 될 것으로 생각된다.

(2003년 12월 6일)

08
"막걸리 연구소"를 만들자
막걸리의 국제화를 위한 제언

　최근 막걸리가 한류 붐을 타고 이웃 일본을 시작으로 세계로 번져 가고 있다. 국내에서도 골프장을 비롯하여 일반주점과 음식점에서 막걸리가 젊은이들 사이에 인기다. 최근 편의점의 집계에 따르면 막걸리가 와인을 제치고 맥주, 소주, 위스키에 이어 주류매출 4위에 올랐다고 한다. 이러한 현상은 막걸리에 단백질, 비타민 등이 다량 함유되었다는 발표 때문에 주객들 사이에 건강식품으로 인정되면서 더욱 인기를 끌고 있는 것이다.

　이웃 일본에서는 한국산 막걸리가 웰빙 술의 입지를 굳혀가며 그야말로 붐을 형성하고 있다고 한다. 기분 좋은 뉴스라 하겠다. 모처럼 형성된 이 절호의 기회를 우리는 놓쳐서는 안 될 것이다. 무엇보다 먼저 우리고유의 술인 막걸리에 관한 모든 것을 종합적이고 체계적으로 연구하고 상품화하고 사후관리까지 할 수 있는 '막걸리연구소'를 농식품부 산하에 설치하는 것이 시급하다. 우리는 지난날 우리민족의 고유식품인 김치를 세계적으로 통하는 상품화를 게을리 하고 있는 동안 일본이 세계시장에 '기무치'라는 이름으로 먼저 내놓아 고전했던 쓰라린 경험을 가지고 있다. 막걸리의 국제화를 위해

첫째, 이번에는 일본보다 발 빠르게 행동에 옮겨야 할 것이다. 두 번의 실패는 안된다. 먼저 일본과 외국에 수출하는 막걸리의 술 이름을 영문과 일본어로 정확하게 표기해야 한다. 그리고 상품명을 세계적으로 먼저 통일해서 사용해야 유사상품을 방지할 수 있다. 막걸리에 대한 영양가 연구와 장기보관방법을 연구하자. 웰빙 식품으로 자리매김할 수 있도록 과학적 수치를 제시하고 보관방법이 연구되어야 국제적인 상품이 될 수 있다. 동시에 제품다양화, 즉 사과, 감, 포도, 인삼, 더덕 등을 이용한 다양한 막걸리상품이 개발되어야 상품으로서 롱런할 수 있다.

둘째, 막걸리를 담는 용기와 술잔을 세련되게 개발하자. 플라스틱용기로는 국제경쟁력이 없다. 포도주나 일본의 사케처럼 한국적 특색을 살린 멋있는 술병과 도자기를 이용한 술잔을 만들어서 보급하자.

셋째, 막걸리와 걸맞는 음식과 안주를 개발해야 한다. 포도주에 스테이크, 사케에 생선회처럼 막걸리와 잘 어울리는 음식을 동시에 내놓아야 한다. 특히 우리가 막걸리와 함께먹는 안주인 빈대떡, 파전, 족발 등을 국제적으로 통할 수 있는 방법으로 조리를 해서 보급하는 것도 하나의 아이디어이다.

넷째, 다양한 칵테일방법을 개발해서 여성용, 노인용 등으로 출시하자. 마지막으로 막걸리를 마시는 주법도 옛 선비들의 다도(茶道)의식처럼 멋있게 매뉴얼화해서 보급하면 막걸리 수출과 함께 한국문화도 수출하는 계기가 마련될 것으로 생각한다.

(2011년 2월 10일)

저자 이태교

- 연세대학교 정치외교학과 졸업
- 서울대학교 경영대학 최고경영자과정 수료
- 한양대학교 대학원 행정박사
- 한국일보, 중앙일보 정치부기자(청와대 출입기자)
- 삼성그룹, 회장비서실 근무
- 삼성그룹, 삼성에버랜드(주) 기획조사실장
- 동부그룹, (주)한국자보서비스 대표이사
- 한국수자원공사 사장
- 한국부동산분석학회 회장
- 한성대 대학원 원장(경영, 행정, 통상정보, 예술대학원장 겸임)
- (사) 한국부동산연합회 회장
- 세계부동산연맹(FIABCI) 한국대표부 회장 겸 이사회 부회장
- 삼성 에버랜드(주) 경영고문
- 서울신문 명예논술위원
- 부동산 TV 명예회장
- 서울사이버대학 석좌교수
- 영국왕립평가사협회(RICS) 펠로회원(현)
- (사) 서울부동산포럼 회장(현)
- (사) 세계종합격투기연맹(KF-1) 명예총재

지도자의 통치력과 국가의 흥망

초판 1쇄 인쇄 2024년 6월 16일
초판 1쇄 발행 2024년 6월 22일

지은이 이태교
펴낸이 김재광
펴낸곳 솔과학
편 집 다락방
영 업 최회선
디자인 miro1970@hotmail.com
등 록 제02 - 140호 1997년 9월 22일
주 소 서울특별시 마포구 독막로 295번지 302호(염리동 삼부골든타워)
전 화 02)714 - 8655
팩 스 02)711 - 4656
E - mail solkwahak@hanmail.net

ISBN 979 - 11 - 92404 - 79 - 0 03300

ⓒ 솔과학, 2024
값 25,000원